부동산, 부채,
버블의 경제학

대한민국 부동산,
지나온 20년 다가올 20년

# 부동산, 부채,
# 버블의 경제학

박덕배
지음

20년간의 매매가, 버블 평가, 가계부채발 복합불황 점검부터
## 부동산경제 전망과 뉴트렌드까지

또다른우주

# 포스트코로나 시대 주택시장의 향방

## 요동치는 주택시장 전망

코로나19 팬데믹에 대처하기 위한 양적완화로 급등한 국내 아파트가격은 2021년 하반기부터 하락 징후가 조금씩 나타났다. 미국 중앙은행에 해당하는 연방준비위원회의 기준금리가 본격 인상되면 우리나라 금리도 상승해 그동안 급등했던 주택가격이 급락할 수 있다는 전망이 곳곳에서 제기되었다. 2022년 초반에는 새 정부에 대한 기대감으로 상승 반전하는 모습을 보이기도 했지만, 시장의 불확실성은 여전하다.

KB부동산이 표본 중개업소를 대상으로 설문한 조사에서도 2021년 말에는 체감 부동산경기가 뚜렷하게 침체되고 있었는데 2022년 상반기에는 기대와 불안이 엇갈리며 방향성을 파악하기 어려웠다. 먼저 매수우위지수는 표본 중개업소에서 '매수자 많음', '비슷함', '매도자 많음' 중 하나를 선택하게 해서 지수화한 것으로 0~200 범위 사이에서 움직이도록 구성되어 있다. 지수가 100을 초과할수록 '매수자가 많다'를, 100 미만일 경우 '매도자가 많다'를 의미한다. 수도권이나 5개 광역시 모두 전반적으로 높은 수준에서 움직이던 매수우위지수는 2021년 하반기 이후 급락했다가 하락세가 주춤해지고 있다. 매매거래 동향을 나타내는 매매거래지수는 표본 중개업소에서 '활발함', '보통', '한산함' 중 하나를 선택하게 해서 지수화한 것이다. 이역시 0~200 범위에서 움직이며 지수가 100을 초과할수록 '활발함' 비중이 높다는 것을 의미한다. 수도권이나 5개 광역시 모두 2021년 하반기 이후 급락했다가 미미하게 반등하고 있다.

향후 부동산경기를 전망하는 KB부동산 매매가격전망지수, 전세가격전망지수도 2021년 하반기부터 급락세를 보이다가 주춤하고

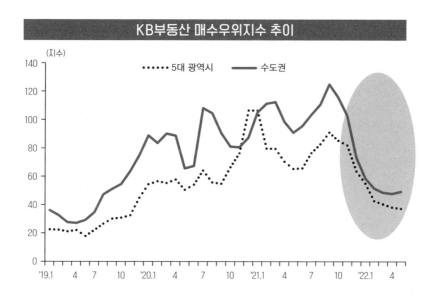

## KB부동산 매매거래지수 추이

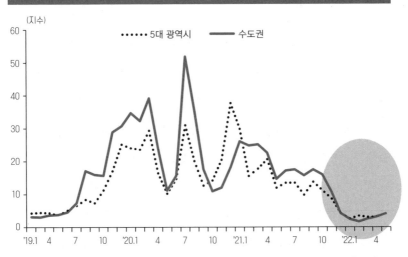

## KB부동산 매매가격전망지수 추이

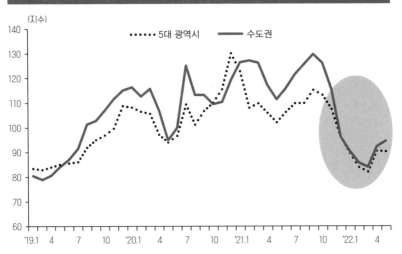

있다. 이는 표본 중개업소에서 '크게 상승', '약간 상승', '크게 하락',
'약간 하락' 중 하나를 선택하게 해서 지수화한 것으로, 0~200 범위

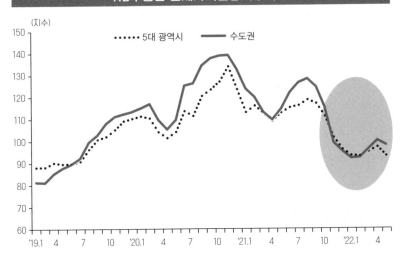

KB부동산 전세가격전망지수 추이

이내에서 움직이도록 구성되어 있다. 지수가 100을 초과할수록 '상승' 비중이 높다는 것을 뜻한다. 두 지수 모두 수도권이나 5개 광역시에서 팬데믹 기간에는 100을 훌쩍 뛰어넘기도 했으나 2021년 하반기 이후 급락했다. 그러나 2022년 초에는 새 정부의 부동산정책에 대한 기대감으로 급락세가 멈췄다.

## 거시경제 지표 악화

향후 주택시장 경기와 관련성이 높은 경기, 물가, 금리 등의 거시경제 지표들은 우호적이지 않다. 2022년 초 러시아의 우크라이나 침공 이후 전쟁이 장기화하면서 글로벌 공급망에 차질이 생겨 국제 원자재가격이 급등하는 등 세계경제의 불확실성이 고조되고 있다. 세계경제가 코로나19 충격에서 점차 벗어나더라도 한동안 글로벌 인플레이션에 시달릴 수밖에 없다. 글로벌 시장금리는 이미 2020년 하반기부터 시장 정상화를 향해 빠른 상승세가 지속되고 있다. 코로나19 위기가 곧 끝날 것으로 예상했으나 2022년 상반기에도 중국의 제로코로나 정책에 따른 봉쇄조치가 전 세계경제에 큰 충격을 주었다. IMF는 오미크론의 확산과 우크라이나 전쟁 등의 영향을 고려해 세계경제성장률 전망치를 계속해서 하향 수정하고 있다. 2022년 6월 세계은행도 우크라이나 전쟁, 지속적인 인플레이션과 금리 인상 등을 반영해 세계경제성장률 전망을 4.1%에서 2.9%로 낮추었다.

한편 코로나19에도 수출 경기가 견조한 회복세를 지속하면서 경제의 안전판 역할을 하고 있었던 한국경제는 2022년 들어 오미크론 대유행과 인플레이션의 영향으로 소비가 위축되면서 경기회복세가 둔화되고 있다. 오미크론 확산세가 진정된 후에는 전반적인 경기회복 국면이 펼쳐질 것으로 예상되었으나, 사회활동이 정상화되며 시장 수요가 확대되는 가운데 수입 원자재가격이 급등해 비용상승(cost-push)과 수요견인(demand-pull) 요인이 동시에 작동하면서 물가 상승세가 심상치 않다. 한국은행은 코로나 위기 이후 경기회복 추세와 그동안의 초저금리에 따른 금융 불균형 현상을 고려해 2021년 하반기부터 주요국보다 선제적으로 기준금리를 인상하기 시작했다. 한국은행 기준금리는 2021년 3분기와 4분기, 2022년 1월과 4월에 각각 0.25%p씩 인상되어 2022년 5월 말 기준으로 코

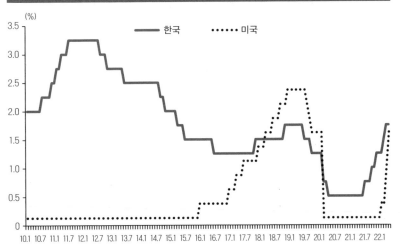

한 · 미 중앙은행의 기준금리 추이

출처 : 한국은행

로나 위기 이전 수준인 1.75%를 회복했다.

국내 금리는 앞으로도 글로벌 통화정책 정상화와 인플레이션에 따라 상승세가 지속될 것으로 전망되며, 특히 연준의 기준금리 상승에 따라 큰 폭으로 상승할 가능성이 크다. 연준은 2022년 6월 기준금리를 0.75%p 인상시켰다. 자체 예상대로면 몇 차례 추가 인상되면서 2023년 말 연준의 기준금리는 3.5% 수준까지 상승할 것으로 전망된다.

국내 기준금리가 상승하면 가계와 밀접한 주택담보대출 금리와 가계신용 금리 수준도 크게 상승하게 된다. 2012년 9월 기준금리가 3.0%일 때 주택담보대출 금리는 4.3%, 가계신용대출 금리는 6.94% 수준이었으며, 2008년 4월 기준금리가 4%일 때 주택담보대

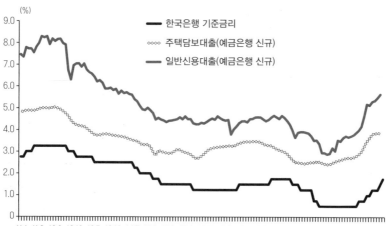

## 한국은행 기준금리와 예금은행 가계대출 금리 추이

(%)

— 한국은행 기준금리
∞∞∞ 주택담보대출(예금은행 신규)
— 일반신용대출(예금은행 신규)

11.1 11.8 12.3 12.10 13.5 13.12 14.7 15.2 15.9 16.4 16.11 17.6 18.1 18.8 19.3 19.10 20.5 20.12 21.7 22.2

출처 : 한국은행 경제통계시스템

## 과거 기준금리별 예금은행 가계대출 금리 수준

|  | 기준금리 | 예금은행<br>주택담보대출금리(신규) | 예금은행<br>가계신용대출금리(신규) |
|---|---|---|---|
| 2014년 7월 | 2.50% | 3.50% | 5.59% |
| 2012년 9월 | 3.00% | 4.30% | 6.94% |
| 2012년 6월 | 3.25% | 4.80% | 7.89% |
| 2008년 4월 | 4.00% | 7.60% | 8.13% |

출처 : 한국은행 경제통계시스템

출 금리는 7.6%, 가계신용대출 금리는 8.13% 수준이었다. 기준금리와 시중금리의 차이가 과거와 똑같을지는 알 수 없으나 중요한 참고 지표가 된다. 자칫 물가상승에 따른 금리 인상이 취약한 가계부채 문제를 터트릴 수도 있다.

# 부동산시장 단기 전망

2022년 상반기 일부 선호 지역의 아파트가격은 오르고 있지만 특정 지역의 아파트 호가가 떨어지는가 하면 매물을 내놓아도 팔리지 않는 현상이 일어나고 있다. 당분간 새 정부에 대한 기대와 금리 상승과 유동성 축소 등 거시 경제지표의 불안이 엇갈리며 부동산시장에 거래 없는 침체상태가 지속될 수 있다. 새 정부의 부동산정책은 속속 발표되며 구체화되겠지만, 그동안 대선에서 나온 공약과 인수위 보고서를 보면 과거 이명박 정부 초기의 부동산정책과 유사하다. 신규주택 250만 호를 공급하고 분양가상한제, 재건축부담금, 안전진단 등과 관련한 규제를 완화하고, 종합부동산세 및 양도소득세 등을 개편하여 세제부담을 완화하고, LTV(주택담보대출비율) 규제를 합리화하고 주택연금 대상자를 확대하는 등의 정책이다.

거시경제 상황과 부동산정책 방향을 고려할 때, 당분간 주택매매시장에서 다음과 같은 몇 가지 특징적인 흐름이 예상된다.

첫째, 그동안 토지가격, 원자재가격, 인건비 등이 많이 올라 주택의 근본 가치가 커졌다. 거래가 없어도 주택가격은 여전히 높은 수준에서 머무는, 주택시장의 스태그플레이션 현상이 예견된다. 주택가격이 하락하더라도 같은 지역이라면 그동안 가격이 급등한 고가주택보다 중저가 주택가격이 상대적으로 덜 하락할 가능성이 크다. 건축비가 올라가면서 상대적으로 중저가 주택의 내재가치 비중이 높아졌기 때문이다.

둘째, 지역별로 집값 양극화 속도가 빨라질 수 있다. 양도소득세 중과가 유예되는 동안 다주택자들이 상대적으로 선호가 떨어지는 지역의 주택을 우선 처분하려 하면서 매물이 쌓여 상대적으로 하락 폭이 클 수 있다. 수도권과 비수도권, 수도권 내에서 서울과 수도권 외곽, 서울 안에서 생활권별 주택가격의 격차가 커질 것으로 보인다.

셋째, 원자재가격이 급등하면 대선과 지선을 거치면서 나온 수도권 주요 지역의 교통 및 개발 호재들이 계획대로 진척되지 않을 수 있다. 그렇지만 상황이 어려울수록 경기 활성화를 위해 수도권 광역급행철도(GTX)처럼 확정된 국가사업들은 적극적으로 추진할 동기가 커진다. 현재 운정-동탄(A노선), 마석-송도(B노선), 양주-수원(C노선)을 잇는 3개 노선이 진척되고 있거나 계획 중이다. 수도권 2, 3기 신도시 주변에 GTX역이 속속 들어서면 이들 지역의 아파트가격이 상대적으로 강세를 보일 것이다.

넷째, 신도시의 재생에 관심이 집중될 것이다. 1992년 말 입주한 신도시를 대상으로 한, '1기 신도시 특별법'이라 불리는 '노후신도시재생특별법'이 제정될 예정이다. 건설된 지 30년이 된 1기 신도시에, 도시계획에 따른 복잡한 사업절차를 간소하게 적용하고 용도지역·층고제한·용적률·임대주택 의무비율 등 건축규제를 완화해주는 법을 만들어 양질의 주택을 10만 호 이상 추가 공급하기 위한 기반을 마련하려는 취지의 법안이다. 1기 신도시 아파트와 비슷한 시기에 입주한 전국 택지지구 아파트 단지도 형평성을 내세워 특별법 적용을 요구할 것이다. 2기 신도시 역시 일찌감치 특별법 제정에 적극적으로 나설 것으로 예상된다.

다섯째, 전세시장에도 작지 않은 변화가 예상된다. 2020년 팬데믹 이후의 매매가 급등과 2020년 7월 말부터 시행된 임대차 3법의 영향으로 전세가도 급등했다. 임대차 3법의 적용을 받는 사람들은 전세 계약 2년 후 5% 상한선 이내에서 전세금을 올려주고 그대로 사는 것이 유리할 것이다. 새롭게 전세를 구하는 사람들은 전세금을 시세대로 올려주기보다는 월세로 대체할 가능성이 크다. 전세대출 금리가 올라 보증금 인상분을 월세로 전환하는 것이 더 유리한 경우 세입자가 반전세를 선호하기도 하고, 세금 부담이 늘어난 집주인도 월세를 선호하는 경향이 강해졌다. 2020년 7월 이후 임대차 3법이 전세 매물 축소라는 예상치 않은 부작용을 일으켰다고 보는 견해가 많았다. 반대로 새 정부에서 임대차 3법의 부작용을 완화한다는 명분으로 대폭 수정한다면 단기적으로 매물이 증가해 전세가를 안정시킬 수 있겠지만, 중장기적으로는 4년의 임대 기간에 시장이 적응하는 과정을 원점으로 되돌려 다시 2년마다 전세가가 출렁이며 임차인의 주거 안정이 어려운 임대차 3법 이전 상황으로 돌아갈 수도 있다.

여섯째, 금융위기 이후 수도권 시장에 나타났던 역전세대란의 재현 가능성이다. 주택시장의 침체로 매매가가 하락하면 통상 매매 수요가 감소하고 전세 수요가 증가하지만, 위에서 언급했듯 금리 인상기라 전세 수요가 일부 월세 수요로 전환되고 있기도 하고, 무엇보다도 전세가와 매매가의 갭이 매우 좁혀졌던 2015년부터 급증한 갭투자 매물이 시장에 쏟아지면 매매가가 하락하면서 전세 공급도 늘어나 전세가도 하락할 수 있다. 만일 전세가와 매매가가 동시에 하락하며 역전세대란이 발생한다면 과거와 비교할 수 없을 정도로 전세 보증금 수준이 높아졌기 때문에 지난번보다 훨씬 더 큰 충격이 나타날 수 있다. 세입자가 보증금을 돌려받지 못하고 주택이 경매에 넘어가며 매매가가 더 하락하는 연쇄적인 주택시장 충격이 발생할 수 있다.

## 가계부채발 복합불황 위험

10년마다 부동산 활황과 침체가 반복된다는 부동산 10년 주기설이 민간에 널리 퍼져 있다. 그러나 1부에서 상세하게 살펴보면 알 수 있겠지만, 지난 20년간 우리나라 아파트가격은 줄곧 상승했다. 2010년대 초반 주택가격이 하락했다고 기억하는 사람들이 많지만, 수도권만 소폭 하락했고 같은 시기 5개 광역시는 오히려 상승했다. 가격이 급등했던 일부 아파트들의 가격 하락이, 전체 아파트가격이 하락했다는 기억의 왜곡을 불러온 것이다. 금융위기 이후 급락해서 상당 기간 조정을 거친 뒤 다시 상승한 주요국 부동산시장과 달리 우리나라 부동산시장은 매우 장기간에 걸쳐 가격이 상승했다. 무엇보다도 가격 급등 후 조정을 거치기도 전에 코로나19 팬데믹이 발발해, 이에 대응하기 위한 양적완화로 자산시장에 상당한 버블이 형성되었다고 보는 견해가 우세하다.

장기간 부동산가격이 급등하는 과정에서 가계 빚도 빠르게 증가했다. OECD 국가 중에서 북유럽 몇 국가를 빼놓고 최대 규모이며, 가계부채의 질도 단기채무 비중이 높은 데다, 비은행 금융기관의 비중이 커지고 있는 등 매우 취약한 구조이다. 예측 가능한 소득으로 대출을 갚으려는 구체적인 상환계획 없이, 주택가격이 오르면 대출 상환이 어렵지 않을 것이라는 막연한 기대감에서 최대한 많은 대출을 받거나 전세 보증금을 레버리지로 활용하는 투자 관행이, 가계와 국가 경제에 잠재적 위험이 되고 있다.

부동산시장의 변수는 다양하고 각각의 변수가 나비효과 같은 예측불허의 상황을 불러일으키기도 한다. 주택가격이 하락해야 한다는 신념에서 시장 침체의 근거가 되는 데이터만 강조하거나 반대로 업계와 투자자의 바람을 투영해 긍정적인 전망에 경도되는 것은 주택 수요자에게 도움이 되지 않는다. 이 책에서는 우리나라 주택가격에 버블이 형성되었는지 객관적인 데이터를 통해 정밀하게 살펴보고 버블 형성과 붕괴에 이은 가계부채발 복합불황의 국내외 사례를 제시하여, 경제생활의 주체인 가계와 기업, 정부가 현 상황을 정확하게 판단하는 데 도움이 되는 기준과 지침을 제공하고자 한다. 또한 미래 주택시장 전반을 전망하고 인구 및 가구 변화와 사회경제적 변화를 반영한 새로운 주택시장 트렌드도 담았다.

이 책은 세 부분으로 구성되어 있다.

1부에서는 지난 20년간의 국내 주택시장을 살펴보았다. 지역별 아파트매매가 흐름을 살펴보고, 버블 여부를 내재가치와 실질가치 분석으로 평가했다. 그러면서 이제는 많이 잊힌 우리나라 80년대 부동산 버블 형성 및 연착륙 과정과 함께 널리 알려진 일본의 버블 붕괴 과정도 상세히 살펴보았다. 이와 함께 그동안 주택시장의 흐름을 좌지우지했던 각 정부의 부동산정책을 들여다보았다. 집권 정부가 바뀔 때마다 주택시장 안정과 부양 사이에서 완전히 방향을 바꾸며 엇갈린 정책을 펼쳤지만, 결국 지난 20년간 주택가격은 모든 정부에서 불안한 상승세를 지속했다. 노무현 정부, 이명박 정부, 박근혜 정부, 문재인 정부 부동산정책의 핵심을 정리하고, 시장과의 상호작용 속에서 정책 목표와 실제가 어떻게 엇갈렸는지 살펴보았다.

2부에서는 가계부채 문제를 정면으로 다루었다. 지난 20년간 주택가격의 상승은 가계부채 증가와 밀접하게 연관된다. 통계청의 가계금융복지조사, 한국은행의 가계신용 통계 등을 통해 미시적인 가계 재무구조의 변화를 살펴보고 해외 주요국과 비교했다. 우리 사회의 기둥 역할을 하는 중산층뿐만 아니라 청년, 자영업자, 고령자 등 상대적으로 취약한 계층의 가계부채 문제를 상세하게 다루었다. 그리고 총체적인 국가 가계부채 수준을 살펴보고 기업의 재무구조를 살펴보는 데 유용한 재무상태표, 손익계산서 개념으로 가계부채 문제를 분석했다. 또한 가계부채 위험을 지수화해 현재의 위치를 점검해보고, 향후 예상되는 문제에 대한 정책적 대응 방안을 모색했다. 2부의 마지막 장에서는 가계부채발 복합불황 위험을 체계적으로 분석했다. 주택시장 스태그플레이션이 부채 디플레이션 및 깡통주택과 하우스푸어 발생으로 이어지는 메커니즘을 분석하며 총체적인 가계부채발 복합불황 가능성을 살펴보았다.

3부에서는 다가올 주택시장의 미래를 구체적으로 그려보았다.

인구 감소와 수도권 집중 추세 속에서 2기 신도시보다 서울에 더 가까운 곳에 3기 신도시를 조성하게 되었다. 전체 인구가 감소하지만 지역별로 균등하게 감소하지 않고 남은 인구가 특정 지역에 몰리는 상황에서, 수요가 높은 지역은 택지가 부족하고 그렇지 않은 지역은 사업성 부족으로 주택공급이 어렵다. 따라서 앞으로는 신규 택지를 지정해서 신도시를 조성하기보다는 재건축을 통해 신규 주택을 공급하게 될 가능성이 크다. 또한 1인 가구 급증과 세계에서 가장 빠른 고령화로 주거 다운사이징이 진행될 예정이다. 한편으로는 재택근무와 가내 창업·부업이 일반화되면서 주거공간을 다기능화·복합화하는 추세도 동시에 진행될 것이다. 베이비부머는 아동기, 청년기, 중년기 등 인생 전환기를 맞이할 때마다 늘 대한민국에 새바람을 몰고 왔다. 노년으로 들어선 베이비부머는 세상을 어떻게 변화시킬까?

생산인구 감소로 잠재성장률이 지속해서 하락하고 이에 따라 부동산 직접투자 리스크가 증가하면, 자산을 쉽게 현금화할 수 있는 방향으로 임대차시장의 구조가 변화하고 부동산 간접투자시장이 성장할 것으로 예상된다. 경제 여건이 변화하면 적자가 발생할 수 있는 주택연금의 손익구조를 개선하기 위해 세대 공유 주택연금 방안을 제시했다. 국민연금 개혁처럼 주택연금 개혁도 미루지 말고 해결해야 할 과제다.

인간은 지난 과거를 분석하며 불확실한 미래를 예측할 수 있는 패턴을 찾으려고 노력해 왔다. 이 책에서는 지난 20년간을 분석 대상으로 삼았다. 그러나 이것은 데이터로 미래를 예측하려는 경제학적 시도의 일환일 뿐이다. 과거를 분석해 미래를 예측하려는 시도가 미래의 변화에 대처하기 위해 우리가 할 수 있는 최선의 노력이라 하더라도, 분석 기간을 10년으로 잡는가, 50년으로 잡는가, 100년으로 잡는가에 따라 분석 결과는 크게 달라진다.

우리가 맞이할 시대는 인류가 한 번도 살아보지 않았던 시대다. 아무쪼록 이 책이 불확실한 미래를 탐색하는 데 유용한 단서를 제공하는 알찬 참고자료가 되기를 희망한다.

# 차례

# 3부

## 인구구조 변화와 주택시장의 미래

1부

# 지난 20년간의
# 부동산시장

# 1장

## 국내 주택시장 가격 분석

주택시장에 버블이 있는지 어떻게 알 수 있을까? 지난 20년간의 주택가격 추이를 살펴보고 어떤 변수가 작용했는지 분석하여 버블 여부를 판단하는 기준을 제시하고자 한다.

### 수차례 위기에도 매매가 지속 상승

1997년 말 외환위기로 국내 경제가 추락한 가운데 주택가격도 급락했다. 1998년 전국 주택가격은 전년동기대비 약 14% 하락했다. 2000년대 들어서자 미국 IT 버블 붕괴와 9·11테러 등의 여파로 세계경제가 침체되면서 국내주택시장도 얼어붙었다. 당시 김대중 정부(1998.2~2003.2)가 경기 활성화 대책의 일환으로 주택시장 활성화와 임대주택공급 확대 정책을 펼치며 주택시장이 회복되기 시작하였다. 당시 전 세계적인 금융완화정책이 시행된 가운데 한국은행 기준금리도 2000년 5.25%에서 2004년 3.25%로 큰 폭 하락했다.

이런 분위기에 힘입어 한국경제가 외환위기의 충격에서 완전히 벗어나기 시작하면서 2002년부터 2021년까지 20년간 여러 차례의 위기에도 불구하고 주택가격은 상승세를 거듭했다. 지역별로 시기별로 상승 정도는 다르다. 본문에서는 서울, 수도권, 6개 광역시 아파트매매가 중심으로 살펴보고, 실수요자에게 필요한 전국 주요 지방자치단체 단위의 아파트매매가 흐름은 「부록」에 수록했다.

이 책에서는 주로 지난 20년간의 아파트매매가를 중심으로 살펴본다. 여러 형태의 주택 중 아파트의 매매가를 선정한 이유는 아파트가 우리나라에서 가장 인기 있는 주택 유형이며, 아파트가격의 변화가 다른 유형의 주택보다 경제 상황에 매우 민감하게 반응하고 있기 때문이다. 우리나라의 장기 시계열 주택가격지수는 한국부동산원과 KB국민은행이 다루고 있는데, 이 책에서는 1986년부터의 장기 시계열 데이터를 축적한 KB국민은행 데이터를 기준으로 삼았다. KB부동산시세를 근거로 하는 경우 출처를 생략했다.

시기별로 큰 차이가 있지만, 외환위기의 여파에서 사실상 벗어난 2002년부터 2021년까지 전국의 아파트매매가는 약 2.9배 상승했다. 2019년까지는 상승추세 속에서도 등락이 있었지만, 2020년 이후 코로나19 감염병 위기에 대처하기 위한 '돈 풀기'로 유동성이 증가하면서 아파트매매가가 급격히 상승했다. 결과적으로 지난 20년간을 돌아보면, 상환능력을 따지지 않고 카드 발급을 남발해서 발생한 2003년 카드 사태 때만 주택가격이 소폭 하락했고, 2008년 글

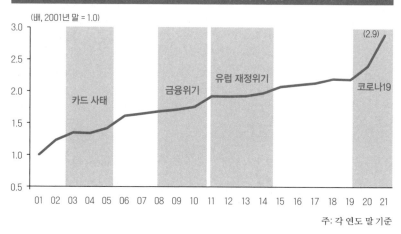

## 전국 아파트매매가격지수 추이

(배, 2001년 말 = 1.0)

카드 사태

금융위기

유럽 재정위기

코로나19

(2.9)

주: 각 연도 말 기준

로벌 금융위기, 2011년 이후의 유럽 재정위기, 그리고 2020년 코로나19 등 큼직한 위기 때 아파트가격은 오히려 상승했다.

전국적인 상승세 속에서도 수도권과 비수도권의 움직임은 약간 달랐다. 같은 기간 수도권(서울+경기도+인천)은 전국 평균보다 높은 3.2배 상승했다. 6개 광역시(부산, 대구, 인천, 광주, 대전, 울산)는 평균 2.8배 상승했다. KB부동산시세 통계에 따라 인천은 수도권에도 포함되고 6개 광역시에도 포함된다. 수도권과 대비될 수 있는 비수도권 5개 광역시(부산, 대구, 광주, 대전, 울산)에 대한 주택매매가격지수는 2004년부터 데이터가 존재한다. 2008년 금융위기 이전까지는 수도권이 빠르게 상승했으나 금융위기 이후부터는 비수도권인 6개 광역시의 가격이 급등한 반면, 수도권의 상승세는 매우 미약했다.

결과적으로 2019년 후반까지 전국과 수도권 모두 비슷한 상승폭을 보여주었다. 그러다가 2020년 코로나19 이후에는 수도권이 더욱 가파르게 상승했다.

서울은 대체로 수도권과 비슷하게 움직이다가 2016년부터 수도권보다 더욱 빠르게 상승했다. 결과적으로 지난 20년간 수도권이 3.2배 상승하는 동안 서울은 3.5배 상승했다. 강북 14개구는 3.0배,

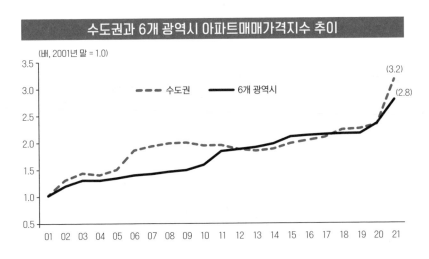

**수도권과 6개 광역시 아파트매매가격지수 추이**

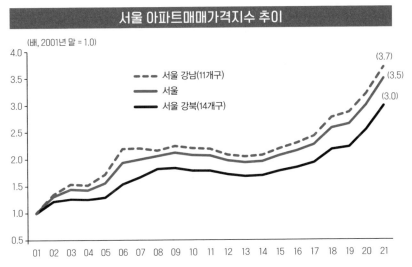

**서울 아파트매매가격지수 추이**

강남 11개구는 무려 3.7배 상승했다. 문화와 교육, 경제활동의 차이가 지속적으로 반영된 것으로 보인다.

　전국 6개 광역시는 비슷한 움직임을 보여 주었다. 이중 대전이 지난 20년간 3.1배로 상대적으로 가장 많이 올랐고, 부산과 울산이 2.7배로 그다음으로 높게 상승했다. 반면 대구와 광주는 상대적으로 낮은 2.5배 상승했다.

## 6개 광역시 아파트매매지수 추이

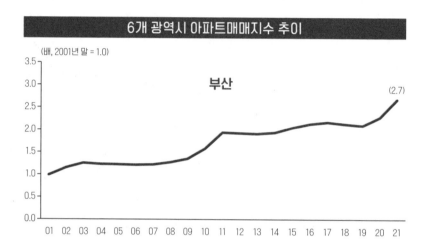

(배, 2001년 말 = 1.0)

부산

(2.7)

01 02 03 04 05 06 07 08 09 10 11 12 13 14 15 16 17 18 19 20 21

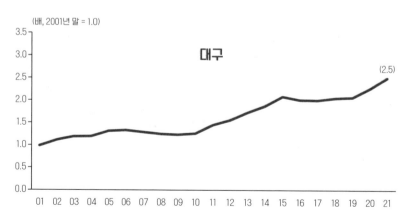

(배, 2001년 말 = 1.0)

대구

(2.5)

01 02 03 04 05 06 07 08 09 10 11 12 13 14 15 16 17 18 19 20 21

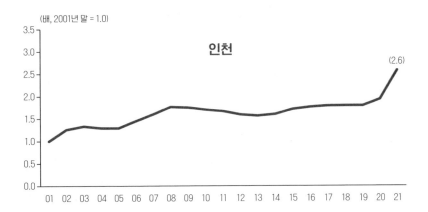

(배, 2001년 말 = 1.0)

인천

(2.6)

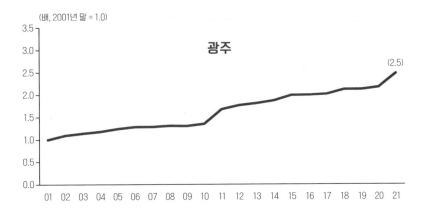

(배, 2001년 말 = 1.0)

광주

(2.5)

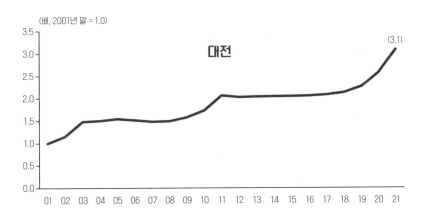

(배, 2001년 말 = 1.0)

대전

(3.1)

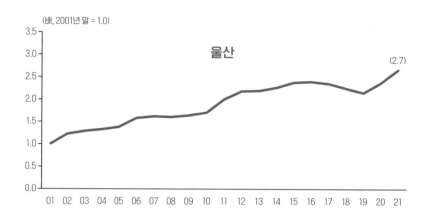

(배, 2001년 말 = 1.0)

울산

(2.7)

6개 광역시 외에도 세종시와 1, 2기 신도시는 전국적으로 큰 관심을 받는 지역이다. 2012년 7월 1일 출범한 세종특별자치시는 행정중심복합도시로 조성되었다. 자치단체 행정기관들이 들어서고 서울에 있던 공공기관들이 이전하면서 거주 인구도 따라서 늘어났다. 아파트 공급도 함께 늘어 2019년까지는 아파트가격의 변화가 적었으나 2020년부터 급등하기 시작했다. 2013년부터 2021년까지 세종시 아파트매매가는 1.6배 상승했다.

한편 수도권 주변의 신도시에 대한 관심도 크다. 지금까지 준공된 수도권 신도시는 1기와 2기로 구분된다. 1기 신도시는 노태우 정부에서 집값 안정과 주택난 해결을 위해 서울 근교에 건설한 신도시로서, 경기도 성남시의 분당신도시, 고양시의 일산신도시, 군포시의 산본신도시, 부천시의 중동신도시, 안양시의 평촌신도시 5곳을 말한다. 1989년 발표되어 1992년 말 입주가 완료되어, 당시 총 117만 명이 거주하는 29만 2000가구의 대단위 주거타운이 탄생했다.

## 세종시 인구 및 아파트매매가격지수 추이

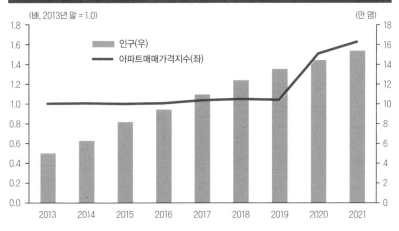

(배, 2013년 말 = 1.0)
(만 명)

- 인구(우)
- 아파트매매가격지수(좌)

신도시 아파트매매가는 자치구별 행정구역의 주택 데이터 집계 시점이 일정치 않아 2003년부터 살펴보겠다. 이 지역 매매가는 대체로 수도권과 비슷하게 움직였다. 2006년까지 급등한 이후 금융위기를 거치면서 비교적 큰 폭으로 하락했다가 2017년부터 상승 반전했다. 특히 팬데믹 이후 급등세를 보여주었다. 1기 신도시 중에서는 산본과 평촌이 상대적으로 좀 더 올랐다.

2기 신도시는 2003년 노무현 정부에서 서울 집값의 급등을 막기 위해 건설했다. 12곳 중 10곳(동탄1, 동탄2, 판교, 한강, 운정, 광교, 양주, 위례, 고덕, 검단)은 수도권, 2곳(아산, 도안)은 충청권에 있다. 2기 신도시는 대부분 독립적인 행정단위에 위치하지 않아 2기 신도시만의 주택가격을 살펴보는 것은 불가능하다. 여기서는 2기 신도시 중 행정구역상 별도로 살펴보기 어려운 판교(성남), 위례(서울, 성남 등), 도안(대전), 검단(인천) 등을 제외하고, 신도시의 영향이 큰 나머지

# 1기 신도시 아파트매매가격지수 추이

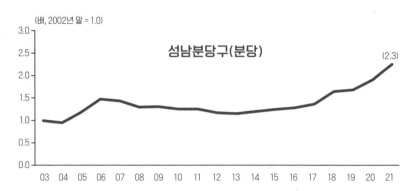

(배, 2002년 말 = 1.0)

성남분당구(분당)

(2.3)

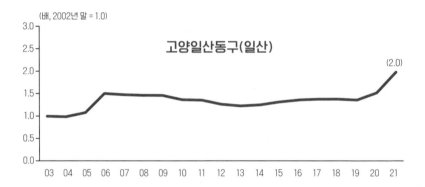

(배, 2002년 말 = 1.0)

고양일산동구(일산)

(2.0)

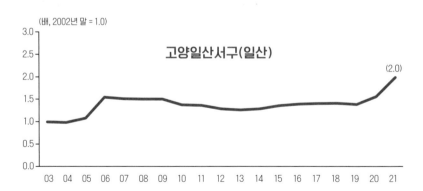

(배, 2002년 말 = 1.0)

고양일산서구(일산)

(2.0)

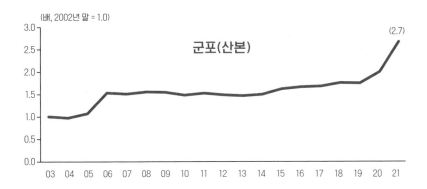

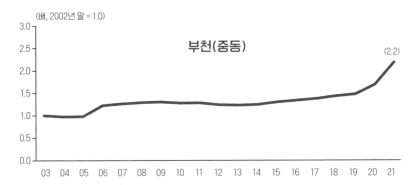

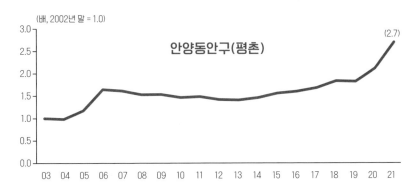

지역의 아파트매매가격지수 추이를 살펴본다.

주로 경기도 권역에 있는 2기 신도시는 1기 신도시와 비교하여 금융위기 이후 덜 내렸지만 오를 때도 덜 올라 그 상승률이 약하다. 판교, 위례, 광교 등 일부 지역을 제외한 2기 신도시 대부분이 서울과 너무 멀 뿐만 아니라, 교통 인프라도 미흡하고, 편의시설이나 체육시설 등이 부족해, 단순 베드타운으로서도 부족한 점이 많다는 것이 문제점으로 지적받으면서 서울로 쏠리는 주거 수요를 분산하는 데 실패했다는 평가를 받아왔다. 그중 일부는 한때 '미분양의 무덤'으로 불리다가 코로나19 이후 상승 반전하는 모습을 보여주었다.

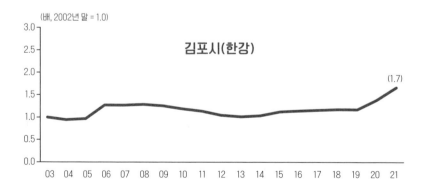

**2기 신도시 아파트매매가격지수 추이**

(배, 2002년 말 = 1.0)

화성시(동탄1&2)

(1.8)

03 04 05 06 07 08 09 10 11 12 13 14 15 16 17 18 19 20 21

(배, 2002년 말 = 1.0)

김포시(한강)

(1.7)

03 04 05 06 07 08 09 10 11 12 13 14 15 16 17 18 19 20 21

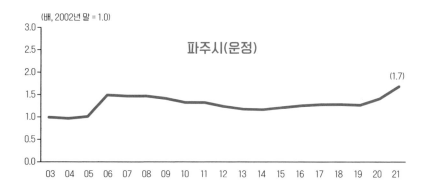

(배, 2002년 말 = 1.0)

파주시(운정)

(1.7)

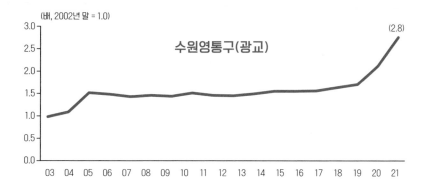

(배, 2002년 말 = 1.0)

수원영통구(광교)

(2.8)

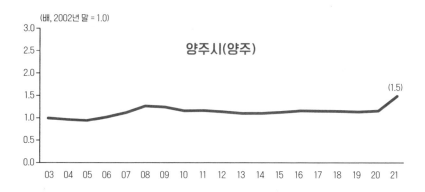

(배, 2002년 말 = 1.0)

양주시(양주)

(1.5)

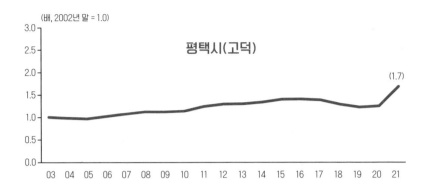

(배, 2002년 말 = 1.0)

평택시(고덕)

(1.7)

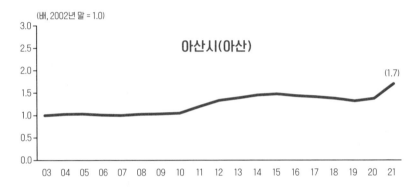

(배, 2002년 말 = 1.0)

아산시(아산)

(1.7)

## 매매가보다 덜 오른 전세가

전세제도는 우리나라의 독특한 주택임대차 제도이며, 전세가 움직임은 서민생활과 매우 밀접하다. 지난 20년간 전세가는 전반적으로 매매가 추이와 비슷한 양상을 보였고 상승률은 조금 낮은 편이었다. 2002년부터 2021년까지 전국의 아파트 전세가는 매매가격지수 상승률 2.9배에 비해 낮은 2.4배 상승했다. 금융위기 이전까지는 매매가 상승이 전세가 상승보다 더 가팔랐다가 금융위기 이

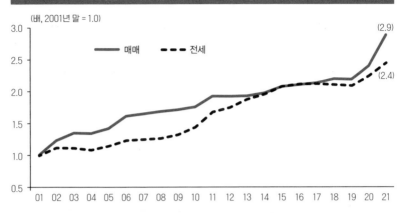

**전국 아파트매매·전세가격지수 추이**

(배, 2001년 말 = 1.0)

— 매매    - - - 전세

(2.9)
(2.4)

01 02 03 04 05 06 07 08 09 10 11 12 13 14 15 16 17 18 19 20 21

후에는 전세가 상승세가 더 가팔랐다. 2017년경부터는 다시 매매가 상승세가 두드러졌고 코로나19 팬데믹 이후 더욱더 가파르게 상승했다. 전세가 급등은 매매가 급등의 영향과 2020년 7월부터 임대차 3법(전월세신고제·전월세상한제·계약갱신청구권제) 전면 시행 후 전세 매물 축소라는 예상치 않은 부작용 때문으로 분석되고 있다.

지역별로 보면 지난 20년간 수도권의 전세가는 전국 평균보다 조금 높은 2.7배 상승했고, 서울만 보면 2.8배 상승했다. 서울에서 강북 14구는 2.7배, 강남 11구는 2.8배 상승했다. 6개 광역시는 평균 2.3배 상승했다. 전국 6개 광역시 중 대전이 2.8배로 가장 많이 올랐고, 광주가 2.5배로 그다음으로 높게 상승했다.

20년간 전세가 대비 매매가가 가장 많이 오른 지역은 서울이며, 그중에서도 강남 11구가 더욱 그렇다. 반드시 그렇지는 않겠지만, 일반적으로 전세가 대비 매매가 상승폭이 클수록 거주 목적보다 투자 목적이 더 강하다고 볼 수 있으므로, 서울 강남 지역에 투자 목

| 주요 지역 아파트매매·전세가격 상승배수(2002~2021년) | | |
|---|---|---|
| 지역 | 매매가격 | 전세가격 |
| 전국 | 2.9 | 2.4 |
| 수도권 (서울+경기도+인천) | 3.2 | 2.7 |
| 서울 | 3.5 | 2.8 |
| (강북14구) | 3.0 | 2.7 |
| (강남11구) | 3.7 | 2.8 |
| 6개 광역시 | 2.8 | 2.3 |
| (부산) | 2.7 | 2.2 |
| (대구) | 2.5 | 2.4 |
| (인천) | 2.6 | 2.2 |
| (광주) | 2.5 | 2.5 |
| (대전) | 3.1 | 2.8 |
| (울산) | 2.7 | 2.3 |

적의 주택 매매가 많았다고 할 수 있다. 6개 광역시의 경우 전체적으로는 매매가 상승률이 전세가 상승률보다 높지만, 광주는 매매가 상승률이 전세가 상승률과 비슷하다.

지난 20년간 전세대란과 역전세난이 번갈아가면서 나타났다. 전세대란이란 전세가가 급등해 세입자가 전세를 얻을 때 큰 어려움을 겪는 현상을 뜻한다. 전세대란 직후 경제 위기가 찾아온 것이 특이하다. 2002~2003년 외환위기로부터 벗어나 경제가 본격 회복되면서 나타난 전세대란 직후 2003~2004년에 걸쳐 카드 사태가 발생했으며, 2006년 노무현 정부의 주택시장 규제강화 시기에 나타난 전세대란 직후 금융위기를 맞았고, 2011년 수도권 주택시장이 극도

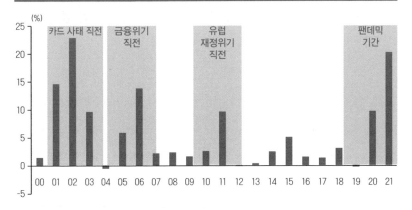

**지난 20년간 대표적 경제위기 직전의 전세대란**

로 침체를 겪는 동안 전세가가 급등한 이후 유럽 재정위기를 맞았다. 팬데믹 기간에도 전세가가 급등했다.

한편 계약 시점보다 전세보증금이 떨어지는 역전세난도 겪었다. 2003년 신용카드 사태 이후, 2011년 유럽 재정위기 이후의 역전세난이 대표적이다. 당시 세입자는 이사 가지 못하고 주저앉거나, 이사 가도 제때 보증금을 돌려받지 못하는 어려움을 겪어야 했다.

## 다른 자산시장과의 비교

자산 버블(bubble, 거품)이란 부동산, 주식 등 자산의 가격 급등이 추가 상승 기대를 낳으면서 지속적인 가격상승으로 이어지는 현상을 말한다. 일반적으로 자산 가치 상승은 내수 확대를 통한 경기 상승과 담보가치 증대를 통한 대출 증가로 이어져 자산 수요를 증가시키고, 자산 수요 증가는 다시 자산 가치 상승으로 이어지면서 자산 버블을 형성한다. 1630년대 네덜란드에서 벌어진 튤립 버블은 인류 역사상 가장 대표적인 버블로 여겨진다. 당시 귀족과 상인은 말할 것도 없고 빈곤층까지 재산을 현금으로 바꾸어 튤립에 투자했지만, 2년여 만에 광풍이 가라앉으면서 많은 투자자가 파산했다. 20세기 초반에는 1915~1919년, 1925~1929년 두 차례 세계적인 경제 버블이 발생했으며, 20세기 후반 들어서는 1980년대 일본의 부동산 버블, 1990년대 후반의 인터넷기업(doc.com) 주가 버블이 대표적인 사례다.

지난 20년간 우리나라 주택 가격은 급등했다. 그렇다면 주택시장을 버블이라고 볼 수 있을까? 사실 버블은 터져야 버블임을 알 수 있고 터지기 전까지는 아무도 단정할 수 없다. 하지만 몇 가지 분석을 통해 어느 정도 가늠해볼 수는 있다. 우리나라에서 부동산 버블이 형성되었는지 살펴보려면 무엇보다 먼저 버블을 판단하는 기준이 무엇인지 알아야 한다.

일반적으로 버블은 과거 자산가격 수익률의 통계적 분포를 추정한 후 최근 자산가격에 비정상적인 변화가 발생했는가를 측정해 판단할 수 있다. 과거의 평균 증가율보다 높은 증가율을 보이거나 가격 상승률이 물가 상승률, 임대료 상승률, 전세가 상승률 등에 비해 더 빠르게 증가하거나 소득 대비 주택가격 비율(price to income ratio, PIR)이 상승하는 경우를 버블이라 보기도 한다. 그러나 이러한 기준은 기간을 어떻게 잡느냐에 따라 그 결과가 달라진다는 한계가 있다. 또한 예외적인 상황이 발생해서 가격이 상승한 것을 버블로

040

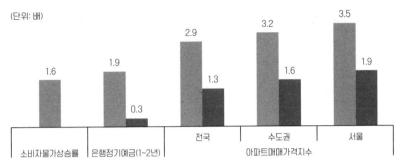

출처: 한국은행 경제통계시스템 데이터 재가공

단정할 수도 있어 주관적이고 모호한 측면이 있다.

과거 20년간 우리나라의 아파트매매가격은 소비자물가지수보다 크게 상승했다. 2002년부터 2021년까지 소비자물가는 약 1.6배 상승했다. 같은 기간 은행 정기예금을 들었을 경우 2002년 초의 원금 대비 복리로 2021년 말 원리금은 1.9배 상승했다. 아파트매매가격지수는 이보다 훨씬 높은 상승세를 보였다. 전국의 경우 2.9배, 수도권은 3.2배, 서울은 3.5배 상승했다. 물론 아파트를 보유하고 매매할 때 내는 세금은 고려하지 않았다. 명목으로 비교할 경우 아파트가격은 은행예금보다 2배 넘는 상승률을 보여주지는 못하지만, 소비자물가 상승률을 고려한 실질 상승률로 비교하면 아파트매매가격 상승률은 정기예금 상품의 상승률보다 4~6배 정도 높았다. 비트코인이나 금 등 특별한 자산과 비교하면 아파트가격 상승률은 상대적으로 낮지만, 통상적인 자산보다는 월등히 크게 상승한 것은 틀림없다. 따라서 실질가치로 볼 때 지난 20년간의 주택 가격상승

| 주택유형별 매매가격 상승배수(2002~2021년) | | |
|---|---|---|
| 주택 유형 | 전국 | 서울 |
| 아파트 | 2.9 | 3.5 |
| 단독주택 | 1.5 | 2.3 |
| 연립주택 | 1.9 | 2.0 |
| 토지 | 1.9 | 2.3 |

각 연도 기준. 출처 : 토지만 한국부동산원, 나머지는 KB부동산시세

은 버블이라고 해도 틀린 말이 아니다.

앞서 언급했듯 아파트가격은 다른 유형의 주택보다 빠르게 올랐다. 2001년 말 가격을 1.0으로 하고 2021년 말까지 얼마나 상승했는지를 보면 전국의 아파트가격 상승률이 2.9배로 가장 높다. 그다음으로 연립주택이 1.9, 단독주택은 1.5다. 서울의 아파트가격은 3.5배 상승했다. 전국이나 서울 모두 가장 인기 있는 주택 유형은 아파트임에 틀림이 없다. 한편 토지가격과 비교했을 때도 아파트가격이 훨씬 빠르게 상승했다. 지난 20년간 전국의 토지가격은 1.9배, 서울은 2.3배 상승했다.

소득 대비 주택가격 비율(PIR)도 빠르게 상승하고 있다. KB부동산에서 제공하는 2008년부터의 PIR 수치를 살펴보자. 전국과 서울의 PIR 배수는 2015년까지 크게 변화가 없었다. 서울은 금융위기 및 유럽 재정위기 당시 주택가격이 하락하기도 했다. 2016년부터는 서서히 상승하다가 특히 서울에서 팬데믹 이후 빠르게 상승하는 모습을 보여주었다. 2021년 기준으로 서울에서 중간 소득 3분위 가구가 평균적인 가격대의 주택을 사려면 19년간 소득을 전혀 쓰지

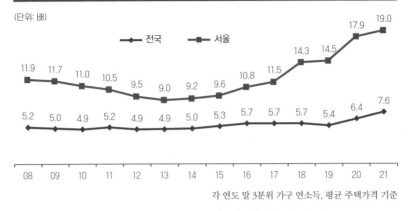

**국내 소득 대비 주택가격 비율(PIR) 추이**

(단위: 배)

◆ 전국    ■ 서울

| | 08 | 09 | 10 | 11 | 12 | 13 | 14 | 15 | 16 | 17 | 18 | 19 | 20 | 21 |
|---|---|---|---|---|---|---|---|---|---|---|---|---|---|---|
| 서울 | 11.9 | 11.7 | 11.0 | 10.5 | 9.5 | 9.0 | 9.2 | 9.6 | 10.8 | 11.5 | 14.3 | 14.5 | 17.9 | 19.0 |
| 전국 | 5.2 | 5.0 | 4.9 | 5.2 | 4.9 | 4.9 | 5.0 | 5.3 | 5.7 | 5.7 | 5.7 | 5.4 | 6.4 | 7.6 |

각 연도 말 3분위 가구 연소득, 평균 주택가격 기준

않고 모아야 한다.

　이번에는 해외 주택가격 동향과 비교해 보자. 전 세계 부동산가격은 함께 움직이는 글로벌 동조 현상을 보여준다. 세계경제가 서로 얽혀 있고 국가 간 정책 공조가 강화되고 있기 때문이다. 따라서 국내 부동산가격이 외국보다 특별히 많이 올랐는지 글로벌 주택시장 대비 상승률을 살펴볼 필요가 있다. 전세는 한국에만 있는 제도이므로 여기서는 매매시장만 살펴본다.

　IMF의 Global Housing Watch는 분기별로 주택가격 데이터뿐만 아니라 주택가격 대비 임대료 비율 및 주택가격 대비 소득 비율 등 주택시장을 평가하는 데 사용되는 지표를 제공한다. 글로벌 주택시장 지수를 나타내는 IMF의 글로벌 실물 주택가격 지수(IMF Global Real House Price Index)는 2000년대 초반 우리나라와 같이 지속해서 상승했다가 글로벌 금융위기 때 급격히 하락했고, 이후 서서히 상승하는 모습을 보여주고 있다. 우리나라는 금융위기 이전까지는 세

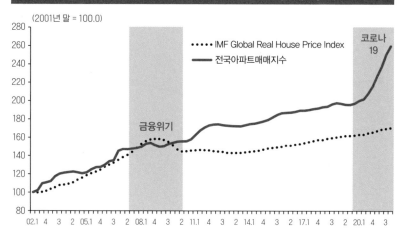

## 글로벌 주택가격과 국내 아파트매매가격지수 추이

(2001년 말 = 100.0)

····· IMF Global Real House Price Index
━━━ 전국아파트매매지수

금융위기

코로나19

가로축 1, 2, 3, 4는 분기를 뜻함. 출처 : KB부동산, IMF의 Global Housing Watch 데이터 저자 재가공

계 주택시장과 거의 같은 속도로 상승했다. 하지만 금융위기 이후 가격이 하락한 외국과는 달리, 우리나라는 상승세가 지속되었다. 2011년 유럽 재정위기부터 주택가격 상승률 차이가 더 벌어졌고, 코로나19 팬데믹 이후 국내 주택가격이 급등하며 그 격차는 점차 커지고 있음을 확인할 수 있다.

다음으로 미국의 대표적인 주택가격지수인 S&P/Case-Shiller U.S. National Home Price Index와 비교해 보자. 미국 주택시장은 글로벌 금융위기 이전에는 우리나라보다 빠르게 상승했다가 위기가 발발하자 급락했다. 2013년 즈음부터는 서서히 상승하면서 2018년경 글로벌 금융위기 이전 수준을 상회하게 되었고 팬데믹 상황에서 더욱 빠르게 상승했다. 앞에서도 언급했듯, 우리나라는 금융위기와 유럽 재정위기를 거치면서 급격하게 하락한 해외 주택

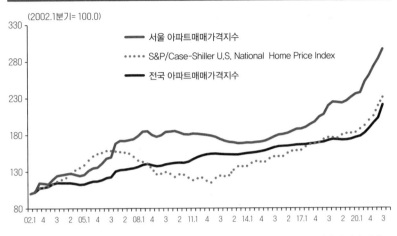

미국 주택가격과 국내 아파트매매가격지수 추이

(2002.1분기= 100.0)

— 서울 아파트매매가격지수
····· S&P/Case-Shiller U.S. National Home Price Index
— 전국 아파트매매가격지수

출처 : KB부동산, S&P/Case-Shiller U.S. National Home Price Index 데이터 저자 재가공

시장과는 달리 전국 아파트매매가격지수는 오히려 상승하고, 수도권만 소폭 하락했다. 전국 아파트매매가격지수는 지속해서 서서히 상승하다가 팬데믹 이후에는 미국 지수와 유사한 형태로 가파른 상승세를 보여주었다. 금융위기 이후 소폭 하락했던 서울은 2017년부터 빠르게 상승하다가 코로나19 이후 급등하고 있다. 서울은 해외 주택시장에 비교해 보아도 훨씬 더 가파른 상승세를 보여주었다.

## 경제적 내재가치에 따른 분석

앞서 살펴본 다른 유형의 자산 가격이나 해외지수 등과 비교해볼 때 국내 주택가격은 2017년 이후, 특히 코로나19 팬데믹 이후 버블이라 할 수 있을 만큼 크게 상승했다. 하지만 부동산가격의 버블은 단순한 통계적 분포로 판단하기보다는 자산 가격이 본래의 경제적 내재가치보다 높게 형성될 경우, 그 차이로 정의할 수 있다. 즉, 버블은 '자산 가격 중 시장의 근본 가치(market fundamental value)로 설명할 수 없는 부분'으로 정의할 수 있다. 아무리 가격이 급등해도 내재가치가 그 이상이라면 버블이라 할 수 없으며, 반면 아무리 가격이 떨어져도 내재가치가 그에 못 미친다면 여전히 버블 상태에 있다고 할 수 있다. 자산 가격과 내재가치 간의 괴리가 크다면 거품이 형성되어 있다고 판단할 수 있고, 언젠가는 붕괴할 가능성이 크다고 말할 수 있다.

여기서는 현재 우리나라 주택시장에 버블이 형성되었는가를 경제적 관점에서 살펴보겠다. 실제 가격과 경제적 내재가치를 반영한 가격 간의 추이를 살펴봄으로써 버블 여부를 판단하고자 한다. 실제로 주택가격에 영향을 미치는 변수에는 거시경제 변수뿐만 아니라 주택 수급, 정부의 정책 및 제도, 인구 통계학적인 변화 등 다양한 변수가 있는데, 일시적인 요인이나 계량화가 어려운 요인을 제외했다. 경제적 내재가치를 반영하고, 주택가격과 통계적으로 상관성이 높은 경제성장률, 물가 상승률, 시장금리 등의 변수를 선정했다.

1987년 1분기부터 21년 4분기까지의 전년동기대비 실질경제성장률, 전년동기대비 소비자물가상승률, 3년 만기 회사채수익률 등 장기 분기 데이터를 사용했다. 주택가격지수등락률은 아파트매매가격지수등락률을 사용했다. 계량적 분석 결과 국내 주택가격은 경제적인 요인에 의해서보다 정부 정책, 교육환경 등 비계량적, 비경제적인 요인에 의해 설명됨을 알 수 있다.<sup>•</sup> 특히 서울의 아파트가격은 경제적 요인보다 비경제적 요인에 의해 좌우되는 면이 강한 것으로 나타났다.

추정계수는 경제 논리대로의 방향성을 보여주었다. 여러 변수 중 경제성장률과 주택가격은 뚜렷한 플러스의 관계를 보여준다. 경기가 상승할 때 소득이 증가하고 주택 수요가 늘어나면서 주택가격이 상승하게 되고, 반대로 경기가 하락할 때는 주택가격도 하락한다는 것을 의미한다. 금리는 마이너스의 상관관계를 보여준다. 금리가 상승하면 주택 구매를 위한 차입 비용이 늘어나고, 이자 수익자산에 대한 선호로 부동산 등 장기 투자자산에 대한 수요는 줄어든다. 소비자물가상승률도 플러스의 상관관계를 나타낸다. 인플레이션 압력이 상승하면 경제 주체들이 실물자산을 선호하게 되어 부동산가격이 상승압력을 받는다. 대체로 서울보다 전국 주택가격지수

---

• 주택가격지수등락률$_t$ = $a$ + $\beta_1$경제성장률$_t$ + $\beta_2$금리$_t$ + $\beta_3$물가상승률$_t$ + $\varepsilon_t$ 회귀분석 결과 상관계수는 20~30%대로 그리 높지 않았지만, 추정계수는 경제 논리대로의 방향성을 보여주었다. 전국은 모든 계수가 5$a$%의 유의수준에서 의미 있는 변수로 나타났으나 서울은 그렇지 않았다.

**아파트매매가격지수등락률 분석 결과**

| 종속변수 | 설명변수 | | |
|---|---|---|---|
| | 경제성장률 | 이자율 | 소비자물가상승률 |
| 전국 아파트매매가격지수등락률 | 0.0115 (2.31) | −0.0059 (−2.20) | 0.0182 (3.10) |
| 서울 아파트매매가격지수등락률 | 0.0129 (2.13) | −0.0045 (−1.39) | 0.0111 (1.55) |

괄호 안 수치는 $t$값

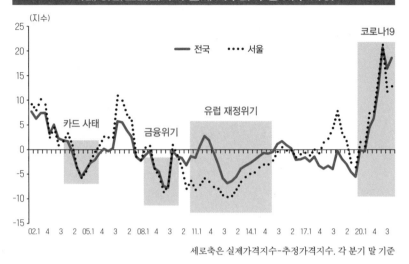

**국내 아파트매매가격 실제 지수와 추정 지수 차이**

(지수)

— 전국 ····· 서울

카드 사태

금융위기

유럽 재정위기

코로나19

02.1 4 3 2 05.1 4 3 2 08.1 4 3 2 11.1 4 3 2 14.1 4 3 2 17.1 4 3 2 20.1 4 3

세로축은 실제가격지수-추정가격지수. 각 분기 말 기준

의 상관관계가 좀 더 뚜렷하게 나타났다.

위의 식에서 도출된 계수를 이용해 경제적 내재가치를 반영하는 주택가격 상승율을 역으로 추정해 보았다. 1986년 실제가격지수에서 출발하여 경제적 내재가치가 반영된 아파트가격 수준의 추이를 계산했다. 지난 20년간의 주택가격지수와 추정가격지수 간의 괴리를 그래프로 나타냈다. '실제가격지수-추정가격지수'가 0보다 크면 실제가격이 추정가격보다 높게 형성되었다는 뜻이고, 0보다 작으면 그 반대를 의미한다.

대체로 전국과 서울이 비슷한 추이를 보였으나, 금융위기 이전에는 실제 지수가 추정 지수보다 높은 현상이 서울에서 두드러졌고, 금융위기 이후에는 반대 현상이 발생했다. 위기가 닥칠 때마다 실제 가격이 추정 가격을 밑돌았다. 2003년 카드 사태, 2008년 금융위기, 2011년 유럽 재정위기를 경험하면서 실제가격지수는 추정가격지수를 밑돌았다. 그러나 위기가 잠시 안정될 때마다 실제가격지수가 추정가격지수를 웃도는 양상을 보였다. 2020년 코로나19 팬데믹 상황에서는 경제 환경이 급변해 부동산가격이 급등하면서 추정 가격을 크게 상회하는 양상을 보였다. 2021년 말 기준 전국과 서울 모두 아파트매매가격지수는 추정가격지수보다 약 15% 이상 높은 상황이다. 평균이 그렇다는 것은 특정 급등 지역은 더욱더 차이가 크다는 것을 의미한다. 따라서 내재가치를 기준으로 판단하면 주택가격에 어느 정도 거품이 꼈다고 볼 수 있다. 앞으로 이 버블을 점진적으로 꺼뜨리며 연착륙시키는 것이 중요하다.

국가경제에서 약간의 버블은 상승 초기에 투자, 소비 등 내수를 자극함으로써 일정 정도 경제활동에 활력소가 될 수 있다. 특히 버블이 신기술과 신상품 등을 배경으로 형성되는 경우 치열한 경쟁 속에서 살아남은 기업은 성장 잠재력을 실현할 수 있는 긍정적인 면이 있다. 그러나 부동산 버블은 근로의욕, 기업가정신, 소득분배, 국가경쟁력에 미치는 부정적 효과가 매우 크다. 저금리로 저축 의욕이 크게 약화된 상황에서 주택 중심의 부동산 버블은 투기적 활동을 자극하고, 생산 및 근로의욕을 크게 저하시켜 생산적인 실물경제 활동이 위축된다. 버블이 본격화되면 평범한 사람들이 투자에 뛰어들어 피해가 커지며, 이에 따라 소득분배가 악화될 수 있다. 투자자원의 분배가 왜곡되고, 외환위기 이후 확대되고 있는 소득의 양극화가 심화되며, 물가와 임금에 영향을 미치면서 경제 불안이 확산된다.

무엇보다도 버블은 속성상 지속될 수 없으므로 버블 붕괴 후 투자자들이 외면하면 결과적으로 산업 및 기업의 장기적 발전을 저해한다. 지난 외환위기 직후 벤처기업에 대한 버블이 형성되고 붕괴하는 과정에서 일부 기업은 경쟁력 있는 기업으로 살아남았으나, 심한 피해를 입은 수많은 투자자가 국내 벤처기업 투자 및 코스닥 시장을 이탈하면서 국내 자본 형성이 지체되었다.

버블이 꺼지면 일본식 장기침체에 대한 우려가 팽배해지게 된다. 부동산 담보가치 하락에 따른 부실채권이 급증하면 부동산 관련 가계대출을 급격하게 확대한 국내 금융권에 치명적인 영향을 끼칠 수 있다. 일본의 경험처럼 부동산가격 하락 → 금융기관 및 개인파산 증가 → 내수 위축 → 경기침체 심화 → 부동산가격 하락의 악순환이 반복될 수 있다.

# 2장

# 한국과 일본의 버블 붕괴 사례

국내 부동산시장에 버블이 있다면, 버블이 붕괴할 때 경제에 끼치는 부작용을 최소화해야 한다. 과거 한국과 일본의 버블 붕괴 사례를 돌아보고 연착륙의 조건을 살펴본다.

## 80년대 국내 부동산 버블은 어떻게 꺼졌을까?

국내 주택가격은 과거 1980년대 후반 큰 폭으로 상승하면서 버블이 형성되었다. 3저(저유가, 저환율, 저금리) 호황과 생산 및 소비 주체로 떠오른 베이비부머(1955~1963년생)의 경제활동으로 대내외 여건이 크게 좋아졌다. 사상 최초의 경상수지 흑자, 88올림픽 특수, 분당·일산 등 신도시 개발 추진 등으로 경제가 호황을 구가하면서 국민소득도 빠르게 증가했다. 베이비부머 세대의 가구 분화가 본격화하면서 주택 수요가 크게 증가했고, 주택 공급 부족이 심각한 사회문제로 대두되었다.

1986년 말부터 1991년 중반까지 국내 주택가격은 약 2.2배 상승했다. 서울과 수도권에 국한된 것이 아니라 전국적인 현상이었다. 주택가격이 급등하자 1980년대 말부터 다양한 투기 억제책, 시장 안정화 대책을 펼쳤으나 역부족이었다.

하지만 노태우 정부의 '주택 200만 호 건설(1988~1992) 계획' 등 초과공급과 갑작스런 경기침체로 1990년대 초반 주택가격이 급락했다. 1991년 중반부터 1992년 중반까지 약 1년 동안 주택가격이 전국 13.2%, 서울 18.9% 떨어졌다. 1990년대 초반은 미국의 상업용 부동산시장 침체와 저축대부조합 파산 사태, 동구권 몰락 등으로 인한 글로벌 경기침체의 영향과 1980년대 후반의 과잉투자 후유증 등으로 국내 경제가 빠르게 둔화된 시기였다.

1992년 8월부터 외환위기 직전까지 경제 여건 개선과 함께 서서히 주택 초과공급이 해소되기 시작했다. 공급 확대 정책, 건설 규제 완화정책 등이 펼쳐지는 가운데 하향 안정세를 오랫동안 이어갔다. 당시 부동산시장의 움직임은 전국적으로 비슷한 양상을 보여주었다. 1990년대에는 수도권에 대한 개념이 뚜렷하게 형성되지 못하였고 수도권 통계를 일관되게 내지 않아 여기서는 서울과 전국 데이터를 비교했다.

부동산시장이 안정되기 시작하며 1996년 이후부터 조금씩 가격이 회복되었다. 그러나 상승세는 1997년 말 외환위기에 멈춰 설 수밖에 없었다. 외환위기로 국내 경제가 추락한 가운데 주택시장도

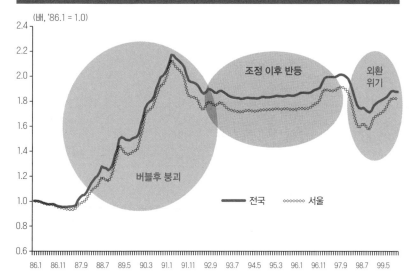

**1980년대 부동산 버블 붕괴 후 국내 아파트매매가격지수 추이**

(배, '86.1 = 1.0)

조정 이후 반등

외환
위기

버블후 붕괴

—— 전국    ∞∞∞∞ 서울

급락했다. 1998년 전국 주택가격이 전년동기대비 약 14%가량 하락했다.

　1980년대 후반 형성된 부동산 버블이 1990년대 초반 붕괴되는 모습을 보였으나, 결국은 연착륙했다고 평가된다. 당시 연착륙이 가능했던 배경은 무엇보다도 1990년대 중반 초과공급을 해소할 수 있었던 경제 발전에 있었다고 볼 수 있다. 비록 경상수지는 적자를 지속했지만 1994년 이후 글로벌 경기 회복, 반도체 등 신성장산업 호황 등으로 경기가 상승 반전되었다. 또한 외환위기 직전까지는 가계의 부채 수준이 매우 낮고 고금리가 점차 하향 안정되어 가계의 재무 건전성이 양호했다. 인구 구조 측면에서도 1990년대 중반 베이비부머(1955~1963년생)의 사회진입이 완료된 후에도 가구 분화

| 1990년대 초반과 2020년대 초반 주택시장 여건 비교 | | |
|---|---|---|
| 주택시장 여건 | 1990년대 초반 | 2020년대 초반 |
| 경제 | 글로벌 경기 회복<br>국내 경기 상승 안정세<br>반도체 등 신성장산업 성장<br>경상수지 적자<br>금리 하향 안정세 | 팬데믹 이후 글로벌 경기 불확실<br>국내 경기 하향 기조 지속<br>신성장동력 불확실<br>경상수지 흑자<br>금리 상승 기조 |
| 가계 | 가계대출 미미<br>소득 대비 주택가격 안정 | 가계부채 급증<br>소득 대비 주택가격 급등 |
| 인구 구조 | 1차 베이비부머의 사회진입 지속<br>2차 베이비부머의 사회진입 시작<br>수도권 인구집중 가속 | 1, 2차 베이비부머 은퇴<br>에코부머 및 MZ세대 사회진입 난관<br>수도권 인구집중 둔화 |

가 지속되는 상태에서 제2차 베이비부머(1968~1976년생)가 사회에 진입하면서 주택 수요가 지속해서 증가했다.

부동산가격이 크게 오른 2022년 시점의 버블도 과연 연착륙할 수 있을까? 당시의 주택 수요와 경제 상황, 인구 구조를 살펴보면 현재는 비교할 수 없을 정도로 여건이 나쁘다. 먼저 경제 측면에서 팬데믹의 영향으로 실질적 체감경기 침체가 지속되고 있어 가계소득 증가를 통한 수요 창출이 매우 위축되고 있다. 당분간 글로벌 저성장, 신성장산업 부재, 내수 부진 등으로 경기침체가 지속될 수 있다. 가계 재무 건전성 측면에서도 높은 가계부채 문제, 금리 상승, 낮은 가계저축률 등으로 주택을 구매할 재무 능력이 크게 약화했다. 특히 가계부채 규모가 워낙 커지면서 가계대출 여건이 악화되었다.

한편 인구 구조 측면에서 1990년대 연착륙 당시와 달리 지금 사회에 진입하는 세대는 주택 수요를 충분히 형성할 만큼의 규모가 아니다. 은퇴한 베이비부머가 생활비에 압박을 느끼게 되면 결국 주택 규모를 축소하거나 주거비가 저렴한 지역으로 이주하게 될 것이다. 최근 몇 년간 30대가 아파트 구매를 주도했는데, 이 세대는 취업난 등으로 사회진입이 지연되었고, 대출을 최대한 끌어쓸 수 있는 사람들은 이미 상당수 주택을 구매했다고 보이므로 향후 에코부머(베이비부머 자녀 세대) 또는 밀레니엄 세대(1979~1985년생)의 실질 신규 주택 수요도 사실상 크지 않다. 베이비부머의 수도권 진입이 왕성했던 1990년대와 달리 현재는 수도권 인구 증가율이 둔화되고 있다. 1990년대 주택시장이 상승 반전을 이룰 수 있었던 배경에는 부동산정책뿐만 아니라 주택시장과 관련된 제반 상황이 크게 작용했다.

## 일본 '토지 신화'의 형성과 붕괴

많이 알려진 바와 같이 일본은 1980년대 후반 6대 도시 평균 지가가 3배 이상 상승하는 극심한 버블을 경험했다. 1983년 도쿄 도심부터 시작해 1991년까지 도쿄 전역, 대도시, 지방 등으로 시차를 두고 지가 급등 현상이 전국적으로 확산되었다. 당시 일본의 버블 형성에는 현재 우리나라와 같이 저금리, 풍부한 시장 유동성, 그리고 은행들의 부동산 대출 확대 등 경제적 요인뿐만 아니라 굳게 뿌리박힌 '토지 신화'가 크게 작용하였다. 일본도 우리처럼 농경시대의 전통에 따라 '토지 불패' 즉, '땅값은 절대 하락하지 않는다'라는

'토지 신화'가 있었다. 당시 일본의 '토지 신화'는 우리의 '부동산 불패' 이상의 절대적인 믿음이었다.

과거 일본은 토지가 모든 가치의 기준인 '토지 본위제'라는 말이 나올 정도로 토지를 포함한 부동산이 자산 가치 면에서 높이 평가되었다. 당시 일본 토지 버블 형성의 주체는 기업이었다. 일본 기업들은 본사 빌딩은 물론 기업 활동의 거점이 되는 지점 및 영업소 등이 있는 토지나 건물을 직접 소유했다. 조금만 여유가 있으면 장래의 공장 확대를 위해 토지를 미리 사 두거나 기숙사, 사택, 휴양소, 영빈관 등 기업 활동과 직접적인 관계가 없는 사원 복지 후생시설 용도의 부동산을 '토지 신화'의 믿음에 따라 마구 샀다. 심지어 자금력이 부족한 기업들도 금융기관 대출금으로 일단 토지를 취득한 후 빌딩을 지어서 임대하거나 되팔아 이익을 발생시켜 대출금을 갚으려는 계획으로 토지 구입에 열중했다.

1987년 말 토지가격 총액은 일본보다 국토면적이 25배나 넓은 미국의 토지가격 총액의 4배를 상회했다. 국내 부동산 취득에 만족하지 못한 일본 기업들은 미국으로 건너가 부동산을 수집하는 데 골몰하기도 했다. 1980년대 후반에는 일본을 대표하는 기업 미쓰비시가 미국의 상징적 건물인 록펠러센터를 매입했다. 오랫동안 세계에서 가장 높은 빌딩으로 알려진 엠파이어스테이트빌딩을 일본인이 매입하기도 했다. 1990년대 중반 누적되는 적자와 금융비용 등을 견디지 못해 엄청난 손해를 보고 되팔 수밖에 없었지만.

부동산 버블이 형성된 데에는 '토지 신화' 외에 당시 일본의 경제적 상황이 크게 기여했다. 1980년대 초반 일본은 무역수지 흑자가 급증하면서 미국 등 선진국들과 무역마찰을 겪었다. 당시 나카소네 정부는 무역마찰 문제로 경제구조를 수출주도형에서 내수 주도형 경제로 전환하기 위한 정책을 펴면서 다양한 부동산경기 부양책을 내놓았다. 1985년 9월 선진 5개국 재무장관들이 참석한 뉴욕의 '플라자 합의(Plaza Accord)'에서 '엔고·저달러' 정책이 결정되었다.

플라자 합의 이후 엔화의 가치가 급등했다. 1년간 엔·달러 환율이 달러당 250엔에서 120엔까지 절반으로 급락했다. 이에 따라 수출 기업들의 가격 경쟁력이 급속도로 떨어져 경기가 둔화하고 투자 의욕이 감소하기 시작했다. 불황으로 진입한 것이 아닌가 하는 두려움에서 일본 정부는 저금리 정책을 실시했다. 5%에 머물던 공정할인율(시중 은행이 할인한 어음을 중앙은행이 다시 할인할 때 적용하는 할인율)이 불과 1년여 만에 2.5%까지 인하되었다. 경기부양을 위해 통화 확대 정책도 병행되었다. 두 자리 수 통화증가율이 지속되면서 시중 유동성은 폭발적으로 증가했다.

당시 일본의 대기업들은 경기 둔화에 따른 투자위축으로 은행으로부터의 자금차입을 줄이고 있었으며, 은행들은 규제완화, 금리자유화 등으로 금리경쟁이 격화되고 예대 마진(예금과 대출의 금리 차이에 따른 수익)이 축소되면서 수익성이 크게 떨어지고 있던 때였다. 풍부한 시중자금이 유입되었지만 마땅한 운용처가 잃은 일본 은행들은 수익성 제고의 돌파구로 부동산 관련 대출을 과도하게 늘렸다. 부동산가격의 추가 상승을 믿고 관행적으로 담보 부동산 시가의 110~120%까지 대출을 실행했다. 또한 제2금융권인 주택금융전문회사 등 비은행권(non-bank)에 대한 융자도 크게 늘렸다.

당시 나카소네 내각은 한술 더 떠 1987년 수도권 인구집중을 막고 국토 균형발전을 추구한다는 명분으로 '다극분산형(多極分散型) 국토개발' 계획을 발표했다. 도쿄를 국제금융 중심 도시로 육성하는 대신, 수도 기능을 도쿄 이외 지역으로 이전하는 방안을 추진했다. 도쿄권 등 대도시의 공공기관 지방 이전, 소프트웨어 중심의 산업도시 육성 계획도 마련했다. 특히 낙후지역의 획기적 개발을 촉진하기 위해 리조트법도 만들었다. 대규모 리조트 건설을 통한 지역의 고용 창출과 경제 활성화가 목표였다. 하지만 유치 경쟁이 벌어지면서 당시 전 국토면적의 20%가 넘는 면적에 대해 860여 개 초대형 리조트 건설 계획이 쏟아졌다.

엎친 데 덮친 격으로 토지 관련 규제 및 제도의 허점도 부동산 버블 형성에 큰 역할을 했다. 모호한 토지이용 규제, 매수특례제도 등으로 도쿄 상업지의 버블이 주택지, 외곽 등으로 확대되었으며, 지가상승 기대감으로 인한 매물 회수, 유보수요 증가, 농지특례 조치를 비롯한 토지이용 규제 등으로 토지 공급이 매우 제한되면서 버블 형성을 부추겼다. 여기서 매수특례제도란 주택지 매도 자금으로 다른 주택지를 취득하여 매도이익이 남지 않게 되면 매도이익에 대한 과세를 사실상 면제해주는 독특한 제도였다.

1990년에 들어서면서 일본 정부는 토지가격 폭등에 분노한 사람들을 달래는 한편 거품경제의 폐해를 우려하여 전방위적 버블 억제 정책을 펼쳤다. 첫째, 일본은행(BOJ)은 통화증가율을 억제하고, 공정할인율을 큰 폭으로 인상하는 등 강력한 긴축정책을 펼쳤다. 1989년 5월 2.5%였던 공정할인율은 단계적으로 인상되어 1990년

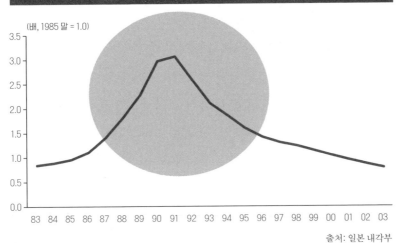

**버블 당시 일본 6대 도시 토지가격 추이**

(배, 1985 말 = 1.0)

출처: 일본 내각부

8월에는 6%까지 상승했다. 둘째, 1990년 3월부터 대장성은 부동산 관련 융자에 대해 총량규제(부동산 관련 대출 총량이 금융회사의 일정 자산 범위 내에서 이루어지게 하는 규제)를 실시했다. 셋째, 토지세제를 개혁하고 1992년 토지기본법 이념에 따라 토지 관련(취득, 보유, 양도) 세금을 종전보다 무겁게 부과했다.

이러한 전방위적 정책이 결국 시장 참여자들의 '토지 신화'에 대한 기대심리를 무너뜨리기 시작했다. 1990년 3월 토지 관련 융자에 대한 총량규제 도입으로 부동산에 대한 수요가 원천 봉쇄되면서 가수요 매물이 순식간에 시장으로 쏟아져 나왔다. 투기 목적으로 구입한 부동산이 시장에 매물로 대거 쏟아지면서 1990년대 초반 일본의 부동산가격은 하락세로 반전되었다. 그동안 토지의 순매수자였던 일본 기업들은 1990년대로 들어서면서 유례없는 저성장 시대를 맞이하자 서둘러 불필요한 부동산을 정리하고 공장을 해외로 이전하면서 토지의 순매도자로 돌변했다.

토지의 전매가 불가능해진 상태에서 은행으로부터의 차입금이 불어났고, 토지 관련 융자에 대한 이자도 지불할 수 없는 상태가 되면서 기업의 도산이 속출했다. 특히 자기자본이 작은 상당수의 중소기업이 막대한 토지매각 손실과 차입금 부담으로 도산 위험에 직면했다. 금융기관들 역시 부동산을 담보로 융자한 막대한 채권이 부실화되었다. 중소규모 금융기관이 잇달아 파산하면서 금융기관 부실채권 문제가 심각하게 대두되었다. 특히 금융기관으로부터 거액을 빌려 부동산업에 집중적으로 대출한 주택금융전문회사는 7개사 모두 파산했다. 버블 형성 당시 무리한 차입에 의존해 주택을 구입한 개인들도 채무를 변제하지 못해 파산하는 사례가 속출했다. 여기에 고용불안, 고령화, 사회보장시스템에 대한 회의 등으로 미래에 대한 불안감이 증가하고, 재정적자 확대에 따른 정책 불신이 겹치면서 소비가 급격히 위축되었다. 결국 기업과 금융기관이 동시에 부실화되면서 소위 '잃어버린 10년 또는 20년(30년)' 등으로 일컫는 장기불황 국면에 빠지면서 일본 국민은 엄청난 고통을 겪게 되었다.

1990년대 초 '토지 신화' 붕괴 후 일본인들은 오랫동안 단독주택, 대형 아파트를 기피하고, 자신의 부를 안전한 우체국 예금에 맡겼다. 팬데믹 이후 도쿄권 등 일부 인기 지역을 중심으로 주택가격이 빠르게 상승하고 있지만, 철저히 수익성에 기초하여 차별적으로 상승하고 있다. 즉, 투자하고 개발해서 그 이상의 수익이 나는 지역

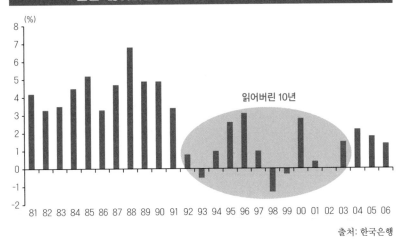

일본 '잃어버린 10년' 당시의 GDP 증가율 추이

잃어버린 10년

출처: 한국은행

만 오르고 있다. 일부 지역이 상승하고 있지만, 오늘날 일본인들의 머릿속은 '토지 신화'가 아니라 '토지 필패'가 채우고 있다.

## 한·일 부동산 버블 비교

현재 한국의 부동산시장을 과거 일본과 비교하면 어떻게 다른가? 엄격히 말하자면 우리나라의 경우 아직 버블이라고 표현할 수는 없다. 버블이 꺼지기 전까지는 그것이 버블이라고 말할 수 없기 때문이다. 일본은 토지가격이 급락하면서 부풀려져 있던 가격이 꺼졌기 때문에 분명히 버블이었다. 현재 우리나라 부동산은 실질가치나 내재가치에 비해 매매가격이 높은 편이지만 아직 꺼지지 않아 버블이라고 단정하기는 어렵다. 그렇지만 많은 이들이 별 거부감 없이 현재 상황을 버블로 받아들이고 있다.

양국의 버블 형성 배경은 매우 유사하다. 두 나라 부동산 버블 모두 어떤 이유든 경기가 둔화되거나 침체되어 경기 회복을 위한 금융완화정책이 강력하게 펼쳐진 시기에 형성되었다. 저금리 현상이 지속되고 있지만, 산업 경쟁력과 생산성을 높이는 투자는 저조한 가운데 풍부한 시중 유동성이 부동산시장으로 흘러들었다. 일본 정부는 1985년 플라자 합의 이후 수출 둔화로 설비투자가 격감하면서 결과적으로 시중자금이 넘쳐나는 상황이 되어버렸다. 기업투자로 이어지지 못한 자금은 갈 곳을 잃고 결국 주식과 부동산시장으로 흡수되었다. 우리나라도 마찬가지다. 2008년 금융위기와 잇따른 유럽 재정위기 이후 경기 회복과 금융시장 안정을 위한 저금리 정책, 금융완화정책에도 불구하고 기업들의 설비투자가 살아나지 못했다. 그런데다 2020년 코로나19 팬데믹으로 금융완화 기조가 더욱 강화되자 시중에 풀린 돈이 부동산시장으로 급격하게 이동했다.

이뿐만 아니라 1980년대의 일본과 외환위기 이후 한국 금융기관의 행태도 비슷했다. 당시 양국 모두 금리자유화가 빠르게 진행되고 각종 규제가 급속히 완화되면서 각 금융기관은 서로의 영역을 넘어선 경쟁 환경에 진입하게 되었다. 동시에 국제결제은행(BIS)의 BIS비율(총자산액에 대해 자기자본이 차지하는 비율로, 은행의 부도 위험을 나타내는 지표) 시행을 앞두고 자기자본 확충과 대형화에 주력하며 기업 대출을 기피하고 대신 부동산 관련 대출을 확대한 점도 같았다.

이처럼 한·일 양국 간 버블 형성의 배경은 유사하나 부동산 버블의 대상과 주체는 달랐다. 일본은 도심 오피스 시장의 초과수요를 예상한 결과로 오피스용 토지가 투기의 대상이었으며, 버블 형성의 주체도 기업과 중소부동산 개발업자였다. 반면 한국은 특정 주택시장의 초과수요를 예상한 결과로 주택, 특히 아파트가 투기의 대상이며, 자연히 버블 형성 주체는 가계다. 그리고 일본의 경우 건물이나 주택 자체가 투기의 대상이 아니고 토지가 버블 대상인 점도 흥미롭나. 버블 대상이 토지인 데에는 지진이 많은 섬나라인 그들의 외부적인 환경에서 기인하는 게 아닐까 싶다. 높은 건물보다는 낮은 단독주택을 선호하는 등 땅에 대한 애착이 강했던 것으로 보인다.

한편 일본과 한국은 버블 규모도 비슷하다. 일본 6대 도시 평균지가는 1986~1990년 사이 비교적 짧은 기간에 3.07배 상승했으며, 이러한 상승세가 전국적으로 확산한 이후 곧 시장이 붕괴했다. 한국은 2002~2021년의 오랜 기간 전국 아파트매매가격지수가 2.9배, 수도권 아파트는 3.2배 상승했다. 계속 상승할지는 아직 아무도 판단할 수 없으며, 또한 사회적·역사적·문화적 배경이 다른 두 나라의 버블을 단순 비교하기란 어렵다.

우리나라는 일본보다 공급이 탄력적인 재화임에도 불구하고 같은 수준으로 올랐다는 특성이 있다. 일본은 공급이 유한한 토지에서 버블이 발생했으나, 우리나라는 청약 시작 후 3~4년만 있으면 충분히 공급되는 유형의 주택에서 버블이 발생했기 때문이다. 공급이 비탄력적인 토지는 수요가 조금이라도 증가하면 급격히 오를 수

| 한·일 부동산 버블 비교 | | | |
| --- | --- | --- | --- |
| | | 한국 | 일본 |
| 배경 | 경제상황 | 경기 둔화기, 저성장기 | |
| | 금융시장 | 저금리 기조, 금융완화정책, 안전자산 선호 현상 | |
| | 금융기관 | 경쟁적 부동산 담보 대출 | |
| 버블 | 형성 시기 | 2002~2021년(20년) | 1980년대 후반(5년), 1990년대 초반 붕괴 |
| | 주체 | 가계 | 기업 |
| | 주 대상 | 아파트(탄력적 재화) | 토지(비탄력적 재화) |
| | 규모 | 전국 아파트매매가격 2.9배 상승 | 6대 도시 평균지가 3배 상승 |

밖에 없지만, 수요 증가에 따라 어느 정도의 시차를 두고 공급도 증가할 수 있는 비교적 탄력적인 재화인 고층 아파트는 덜 오르는 것이 자연스럽다. 다만, 수도권 집중 현상이 극심하고 중심과 주변의 양극화가 심한 우리나라에서 주요 입지의 아파트는 부지 확보와 건축 기간 등을 고려할 때 상당히 비탄력적인 재화라는 점을 고려해야 한다.

2022년 들어 우리나라도 먼저 외곽 지역과 지방에서 부동산가격 하락 징후가 조금씩 나타나고 있다. 다행스럽게도 외환위기를 거치면서 국내 은행권이 튼튼해져 금융시스템이 붕괴할 가능성은 크지 않다. 따라서 일본이 경험한 극심한 장기불황 가능성은 작지만, 거품 붕괴는 이미 취약해진 가계에 커다란 충격을 주어 소비를 위축시키고 경기침체를 장기화할 수 있다.

거품 붕괴의 부작용을 최소화하려면 정책당국의 세심한 정책이 요구된다. 먼저 부동산시장의 연착륙을 유도해야 한다. 30년 전에 일본이 겪은 사회·경제적 변화를 지금 우리가 겪으며 그 폐단을 마주하게 될지도 모른다. 그동안 경제계에서는 우리 경제의 미래를 예측할 때 일본 경제를 하나의 모델로 상정하곤 했다. 그만큼 일본은 우리와 여러모로 비슷한 나라며 훌륭한 반면교사다. 그들과 우리의 공통점과 차이점을 분석하고, 최선의 해법을 찾아 나가야 한다.

# 3장

## 정권에 따라 엇갈린 부동산정책

부동산시장은 국내외 경제 동향 외에 각 정권의 대응에 따라서도 크게 좌우되었다. 지난 20년간의 부동산정책 변화를 복기해 보면 현단계에서는 어떤 정책이 바람직할지 판단하는 데 유용할 것이다.

### 노무현 정부(2003.2~2008.2)
### : 일관된 강력한 투기수요 억제 정책

2000년대 초반 형성된 글로벌 저금리 기조 속에 미국, 유럽 등 주요국의 주택가격이 빠르게 상승하기 시작했다. 우리나라도 소위 '버블세븐(bubble seven)' 지역부터 주택가격이 상승했다. 버블세븐은 당시 특정 지역의 주택가격이 급등하자 투기를 억제하기 위해 정부가 이들 지역을 대상으로 만들어낸 신조어로서, 강남구, 서초구, 송파구, 목동, 분당, 용인, 평촌 등 일곱 곳을 의미한다.

외환위기가 진정된 2000년대 초반에는 여러 이유 중에서도 교육의 중요성을 경험한 우리나라 베이비부머(1955~1963년생)의 행태가 버블세븐 지역의 주택가격 상승을 일으킨 것으로 보인다. 당시 베이비부머는 대개 자녀가 중고등학교에 재학 중인 30대 후반에서 40대 초중반으로, 학원 등 교육여건이 양호한 버블세븐 지역의, 방 개수가 넉넉해서 자녀 공부방을 따로 만들어 줄 수 있는, 면적이 다소 넓은 아파트를 선호했다.

일부 투기수요가 합세하면서 수도권 버블세븐 지역의 부동산가격이 급등하자 2003년 집권한 노무현 정부는 주택거래 신고, 재건축제도 합리화, 재건축개발이익환수, 분양권 전매제한 등 투기수요 억제에 힘을 기울였다. 2003년 불거진 카드 사태 등으로 한동안 부동산 열기는 꺾였지만 2005년 초반 다시 일부 지역을 중심으로 상승하다가 이내 수도권 전체로 확대되면서 가격이 급등하기 시작했다. 이에 노무현 정부는 당시로서는 매우 강력한 8·31 부동산종합대책을 발표했다. 8·31 대책은 6억 원 이상의 고가 주택·다주택 소유자에 대한 보유세 부담을 강화하는 한편, 1가구 3주택자에게만 적용하던 양도소득세 중과를 2주택자에게도 적용한 부동산 과세체계 개편이 핵심이었다.

일시적으로 안정되었던 부동산가격이 다시 상승하기 시작하자 2006년 3·30 대책과 11·15 대책을 통해 개발부담금 부과, LTV·DTI 강화 등의 대책을 추가했다. 2007년 1·11 대책에서도 분양가 인하 대책과 투기수요 억제책 등을 내놓았다.

**LTV(loan to value ratio, 주택담보대출비율)**

주택가격(담보가치)에 대해 대출받을 수 있는 비율

$$LTV = \frac{주택담보대출금액 + 임차보증금 \ 또는 \ 최우선변제소액임차보증금}{담보가치} \times 100$$

**DTI(debt to income, 총부채상환비율)**

부채의 연간 원리금 상환액 및 기타 대출 이자 상환액의 합이 연간 소득에서 차지하는 비율

$$DTI = \frac{주택대출 \ 원금 \ 및 \ 이자 \ 상환액 + 기타 \ 대출의 \ 이자 \ 상환액}{연간소득}$$

- LTV 및 DTI 기준비율은 투기지역·투기과열지구, 조정대상지역, 이외 지역 등의 구분에 따라 다르며, 보통 40~70% 수준

## 노무현 정부 전후 아파트매매가격지수 상승률 추이

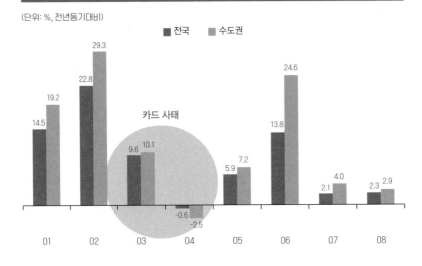

(단위: %, 전년동기대비)

■ 전국　■ 수도권

카드 사태

| | 01 | 02 | 03 | 04 | 05 | 06 | 07 | 08 |
|---|---|---|---|---|---|---|---|---|
| 전국 | 14.5 | 22.8 | 9.6 | -0.6 | 5.9 | 13.8 | 2.1 | 2.3 |
| 수도권 | 19.2 | 29.3 | 10.1 | -2.5 | 7.2 | 24.6 | 4.0 | 2.9 |

결과적으로 볼 때, 노무현 정부의 부동산정책은 주로 안정화에 초점을 두고 투기수요 억제, 분양가 인하 등을 유도하기 위해 규제와 세제를 강화했지만, 대책 발표 이후 단기간 주택시장이 안정되었다가 효력이 떨어지면 다시 상승하는 모습을 반복했다. 급등한 일부 특정 지역의 수요 억제만을 목표로 한 결과 '빈대 잡으려다가 외양간 태우는 꼴'이 되어 버렸다는 평가가 많다. 목표는 적절했으나 시장원리와 어긋나는 정책들이 부동산가격을 오히려 급등시킨 것으로 보인다.

첫째, 수요가 있는 특정 지역에 대한 부동산가격 상승을 잡겠다고 이 지역에 재개발·재건축 공급을 축소했는데, 이는 우리나라 경제 규모 확대와 인구·사회학적 측면을 읽지 못한 것이었다. 둘째, 당시 저금리와 과잉 유동성이 주택가격 상승의 원인이었는데도 금융완화정책을 오히려 지속·확대했다. 셋째, 집값을 잡겠다고 하면서 국토균형개발 정책 등으로 집값의 절대적 비중을 차지하는 토지가격을 빠르게 상승시켰다.

2007년에 접어들자 과열된 수도권 부동산시장이 진정되기 시작했다. 그리고 서민들의 주거 안정에 중요한 지표인 전세가는 매매가보다 상대적으로 안정세를 보였다.

## 노무현 정부의 주요 부동산정책

| 연도 | 대책 | 주요 내용 |
|---|---|---|
| 2003 | 5·23<br>주택가격안정대책 | 분양권 전매제한<br>수도권 전역 및 충청권 일부 투기지역·투기과열지구 지정<br>선분양 요건 강화<br>재건축 안전진단 기준 대폭 강화 |
| | 9·5<br>부동산대책 | 1가구 1주택 양도세 비과세 요건 강화<br>재건축 조합원 지위 양도 금지<br>재건축 중소형 주택 건설 의무비율 확대(60%) |
| | 10·29<br>부동산대책 | 강북 뉴타운 추가 조성<br>종합부동산세 조기 시행<br>1가구 3주택자 양도세 중과<br>투기지역의 주택담보대출인정비율(LTV) 40%로 하향 |
| 2005 | 2·17 부동산대책 | 재건축개발이익환수제 시행 및 초고층 불허<br>판교 일괄 분양제 도입 등 투기방지대책 |
| | 5·4 부동산대책 | 1가구 2주택자 양도세 실거래가 과세<br>부동산 보유세율 단계적 강화 |
| | 8·31<br>부동산종합대책 | 실거래가 신고제도 시행<br>종부세 대상 확대(9억 원 → 6억 원, 가구별 합산)<br>1가구 2주택자 양도세 중과(9~36% → 50%)<br>분양가상한제 확대<br>개발부담금제 및 기반시설부담금제 도입<br>공급 확대(송파 신도시 발표) |
| 2006 | 3·30<br>부동산종합대책 | 재건축 개발이익 최대 50% 환수<br>총부채상환비율(DTI) 도입 등 주택담보대출 규제 강화<br>주택거래신고지역의 부동산 거래 시 자금 조달 계획 신고 |
| | 11·15<br>부동산시장<br>안정화 방안 | 수도권 신도시 신규택지 확보 추진 (검단·파주 신도시)<br>개발 밀도 및 용적률 상향 조정<br>분양가 인하: 기반시설 비용 일부 국가·지자체 재정 투입<br>주택담보대출 규제 강화<br> • LTV 강화: 제2금융권 60~70% → 50%<br> • DTI 수도권 투기과열지구로 적용 확대 |
| 2007 | 1·11 부동산대책 | 분양가 인하: 분양가상한제, 분양원가 공개, 채권입찰제, 전매제한<br>공급물량 확대: 후분양제 연기, 알박기 대책, 용적률 확대<br>토지보상제도 확대<br>주택담보대출 규제 강화 |

## 이명박 정부(2008.2~2013.2)
## : 금융위기 전후로 극명하게 엇갈린 정책

2005년부터 2008년 금융위기 이전까지 수도권의 아파트매매가격지수는 약 45% 상승했다. 그러나 비수도권 지역의 주택가격은 거의 상승하지 못했다. 같은 기간 지방 5개 광역시 아파트매매가격지수는 7% 상승에 그쳤다.

2008년 이명박 정부 출범과 동시에 주택정책의 대전환이 이루어졌다. 지방의 미분양을 줄이고 아파트 공급을 확대하며 건설사 유동성을 지원하는 등 공급 면에서 규제완화정책을 통해 장기적으로 주택시장을 안정시키려는 정책이었다. 주택가격은 상승세로 반전되었지만 오래가지 못했다.

미국의 주택경기 침체로 빚어진 서브프라임모기지 사태가 확대되면서 전 세계 금융시장이 혼돈에 빠졌다. 사태는 시간이 지날수록 진정되기는커녕 오히려 악화되면서 글로벌 금융위기로 확대되었다. 국내 금융시장도 세계 금융시장에 동조되면서 매우 혼란스러웠다. 금융시장 내 불안심리가 팽배해지면서 조그만 뉴스에도 과민반응하면서 주요 금융지표의 변동성은 과거 어느 때보다도 커졌다.

거래심리가 위축된 가운데 국내 주택시장이 갈수록 침체하고, 불확실성이 매우 높아졌다. 미분양아파트가 급증하면서 2008년 7월 말 기준 전국 미분양아파트는 무려 16만 채를 돌파했다. 수도권 지역에서도 빠르게 증가해 2만 채를 훌쩍 뛰어넘었다. 그나마 분양된

(단위: 호)

금융위기

165,599

123,297

112,254

88,706

73,772

74,835

69,807

61,091

57,215

40,379

2005 2006 2007 2008 2009 2010 2011 2012 2013 2014

출처: 국토교통부, 통계청

아파트조차도 입주자들이 자금을 마련하지 못해 입주가 지연되는 사례가 늘어났다. 2010년 8·29 부동산대책에서 DTI 규제를 완화하고, 보금자리주택 공급정책을 수정했지만 주택시장의 불안은 지속되었다. 아파트 거래량이 하락세로 돌아섰다. 현금 동원 능력이 취약한 일부 중소지방 건설사의 경우 우발채무(偶發債務: 현재는 채무로 확정되지 않았으나 가까운 장래에 돌발적인 사태가 발생하면 채무로 확정될 가능성이 있는 특수채무)가 증가하면서 부도 가능성이 크게 높아졌다.

　금융위기 직후 주택 수요와 공급에서 불균형이 심화했다. 경기가 악화되면서 주택 수요가 크게 위축되었다. 당시 만기 일시불 상환 비중이 77%였던 주택담보대출의 원금상환이 곧 도래할 것으로 예상되었다. 수요 위축에도 불구하고 초기의 공급 확대 정책의 여파로 공급 규모는 크게 늘고 있었다. 2011년 이후 매년 50만 가구 이상 건설되었다. 금융위기 전후로 크게 상승한 수도권 중대형 미분양주택(당시 미분양 중 60~70% 차지)이 점점 '준공 후' 미분양으로 바뀌고, 주택경기 악화로 일시적 2주택자의 미처분주택 물량도 급증했다.

금융위기 이후 국내 주택시장의 흐름은 수도권과 비수도권 간에 확연하게 엇갈렸다. 수도권은 가격 하락, 거래량 감소 등 디플레이션 현상이, 비수도권은 가격 상승, 거래량 증가 등 인플레이션 현상이 동시에 진행되는 특이한 바이플레이션 현상이 나타났었다. 바이플레이션(Biflation)은 인플레이션(Inflation)과 디플레이션(Deflation)이 동시에 일어나는 경제 현상을 의미한다.

금융위기 충격에서 본격적으로 벗어나기 시작한 2009년 하반기부터 비수도권의 매매가격이 빠르게 상승하기 시작했다. 특히 부산, 대전 등 일부 지역의 경우 과열에 가까운 모습이 나타나면서 가격 상승이 점차 인근 지역으로 확산했다. 지방 5개 광역시(부산, 대구, 광주, 대전, 울산)의 아파트매매가격지수는 2009년 2.8%, 2010년 8.7%, 2011년 20.3% 등 거센 상승세를 보였다.

하지만 수도권 아파트매매가는 지속해서 하락했고, 아파트 거래량도 크게 위축되었다. 이에 정부는 수도권 시장의 주택거래 정상화를 위해 강남 3구 투기지역 해제와 주택거래신고지역 해제 등을 골자로 하는 5·10 부동산대책을 발표했다. 강남 3구의 LTV와 DTI가 기존의 40%에서 50%로 높아지고, 주택 계약 신고 기간도 크게 완화되었다. 전용 85㎡ 이하 수도권 공공택지의 전매제한기간을 3년에서 1년으로 축소하고, 주택을 1년 미만 보유할 때 50%인 양도세 중과세율을 40%로 축소했다. 그러나 수도권 주택시장

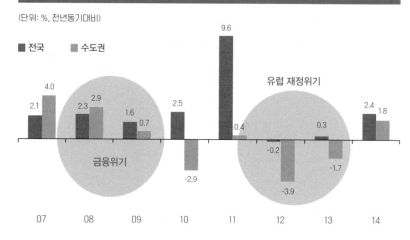

**이명박 정부 전후 아파트매매가격지수 상승률 추이**

(단위: %, 전년동기대비)

■ 전국 　■ 수도권

유럽 재정위기

금융위기

| | 07 | 08 | 09 | 10 | 11 | 12 | 13 | 14 |

- 전국/수도권 값: 2.1, 4.0 (07)
- 2.3, 2.9 (08)
- 1.6, 0.7 (09)
- 2.5, -2.9 (10)
- 9.6, 0.4 (11)
- -0.2, -3.9 (12)
- 0.3, -1.7 (13)
- 2.4, 1.8 (14)

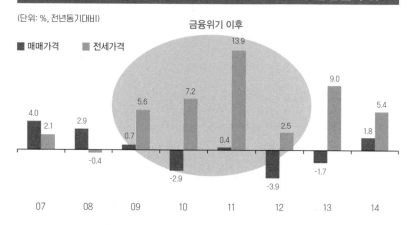

**이명박 정부 전후 수도권 아파트매매 · 전세가격지수 상승률 추이**

(단위: %, 전년동기대비)

금융위기 이후

■ 매매가격 　■ 전세가격

| | 07 | 08 | 09 | 10 | 11 | 12 | 13 | 14 |

- 매매가격/전세가격 값: 4.0, 2.1 (07)
- 2.9, -0.4 (08)
- 0.7, 5.6 (09)
- -2.9, 7.2 (10)
- 0.4, 13.9 (11)
- -3.9, 2.5 (12)
- -1.7, 9.0 (13)
- 1.8, 5.4 (14)

은 계속 침체에서 벗어나지 못했다. 2012년 수도권 아파트매매가격 상승률은 -3.9%였다.

한편 매매가 하락과는 달리 전세가는 급등했다. 수도권의 주택

매매시장의 불안정, '부동산 불패'에 대한 인식 변화 등으로 주택 구입을 미루는 대신 전세 수요가 크게 늘고 있었기 때문이다.

이명박 정부는 국민 모두가 집을 '소유'하게 한다는 목적으로 보금자리주택 정책을 시행했다. 2009년부터 2018년까지 10년간 150만 채의 공공주택을 공급한다는 정책이다. 보금자리주택은 공공임대주택뿐만 아니라 공공이 짓는 중소형 분양주택과 임대주택을 포괄하는 새로운 개념의 주택이었다. 2008년 9월 이명박 정부는 무주택 서민과 저소득층의 주거 문제를 해결하기 위해 '국민 주거 안정을 위한 도심 공급 활성화 및 보금자리주택 건설방안'을 발표했다. 구체적으로는 첫째, 도심이나 그린벨트 등 도시 인근 선호지역에 건설하고, 둘째, 공공이 직접 건설해 신속하게 공급하고, 셋째, 서민들이 부담 가능한 가격으로 공급하며, 넷째, 사전예약제 등 수요자 맞춤형으로 공급한다는 목표로 시작했다.

보금자리주택은 신규 주택으로서의 매력뿐만 아니라 가격 면에서도 주변 시세에 비해 저렴해서 구매자의 수요가 급증하고, 이러한 대기수요 증가가 기존 주택 구입 수요를 줄어들게 했다. 보금자리주택에 대한 기대로 실수요자들조차 주택 구입을 망설이면서 주택매매시장이 더욱 침체되었다. 수도권 아파트매매가격지수는 금융위기 직전의 최고점에서 약 7%, 특히 대형 평형의 경우 무려 17% 이상 하락했다. 자칫 수도권 주택시장은 주택가격 하락 악순환 현상이 지속되며 장기 침체국면으로 이어질 수 있는 상황이었다.

보금자리주택 공급량이 워낙 많았던 데다 공공기관인 LH(토지주택공사)가 참여하게 되면서 부동산시장이 '비정상화'되었다. 그다

## 이명박 정부의 주요 부동산정책

| 연도 | 대책 | 주요 내용 |
|---|---|---|
| 2008 | 6·11 지방 미분양 대응방안 | 지방 미분양주택 취득시 취·등록세 50% 감면<br>일시적 1가구 2주택 중복 보유 허용 기간 1년 → 2년 완화 |
| | 8·21 주택 공급 기반 강화 및 건설경기 보완방안 | 재건축(재개발) 안전진단 2회 → 1회 축소<br>인천 검단 및 오산 세교지구 신도시급으로 확대<br>수도권 전매제한기간 5~10년 → 1~7년 완화 |
| | 9·19 도심 공급 활성화 및 보금자리주택 건설방안 | 10년간 500만 가구(보금자리주택 150만 가구 포함) 건설<br>대체주택(1~2인 가구용 오피스텔, 기숙사형 주택) 확대 |
| | 9·23 종부세 개편안 | 과세기준 9억 원 초과로 상향<br>과세구간 조정 및 세율 인하 |
| | 10·21 가계 주거부담 완화 및 건설부문 유동성 지원 방안 | 일시적 1가구 2주택자 중복 보유 허용 기간 2년 전체 확대<br>투기지역 및 투기과열지구 합리적 조정<br>대한주택보증 환매조건부 미분양주택 2조 원 규모 매입 |
| | 11·3 경제난국 극복 종합대책 | 강남 3구 제외한 주택투기과열지구, 투기지역 등 해제<br>재건축 소형주택 의무비율, 임대주택 의무비율 완화<br>재건축 용적률 상향 허용 |
| 2009 | 8·24 전세시장 안정대책 | 주택기금 전세자금 지원 및 민간 전세대출 보증한도 확대<br>도시형생활주택 및 오피스텔 규제완화 |
| | 8·27 서민주거안정을 위한 보금자리주택 공급 확대 방안 | 보금자리주택 2012년까지 32만 가구 건설(연 3만 → 8만 가구)<br>하반기 보금자리 주택지구 5~6곳 지정<br>위례신도시 4만 3천 가구 중 2만 2천 가구 보금자리주택 배정 |
| 2010 | 4·23 주택 미분양 해소 및 거래 활성화 방안 | 미분양주택 4만 가구 감축<br>새로 분양받은 입주 예정자의 종전주택 구입자 DTI 완화 |
| | 8·29 추가 부동산대책 | 무주택·1주택자 DTI 규제 한시적 유보<br>다주택 양도세 중과 완화 2년, 취·등록세 감면 1년 연장<br>보금자리 사전 예약 축소·연기, 민간주택 공급 비율 상향 조정 |
| 2011 | 3·22 주택거래활성화방안 | 주택 취득세 연말까지 50% 감면<br>생애 최초 주택 구입자금 대출 시한 연말까지 연장 |
| | 5·1 건설경기 연착륙 및 주택공급 활성화방안 | 1가구 1주택 거주요건 폐지<br>대한주택보증 PF 대출 보증 확대<br>양도세 비과세 요건 중 '2년 거주요건' 폐지 |

| 연도 | 대책 | 주요 내용 |
|---|---|---|
| 2011 | 12·7 주택시장 정상화 및 서민주거안정대책 | 투기과열지구 해제<br>다주택자 양도세 중과제도 폐지 추진<br>분양권 전매제한기간 완화 |
| 2012 | 5·10 주택 거래 정상화 및 서민·중산층 주거안정 지원방안 | 강남 3구 투기지역 해제, 주택거래신고지역 해제<br>분양권 전매제한기간 완화<br>1세대 1주택자 양도세 비과세 요건 완화 |
| | 6·18 '5.10 대책' 후속조치 | 분양가상한제 원칙적 폐지<br>미분양주택 취득 시 5년간 양도세 및 취득세 감면 |

음 박근혜 정부의 부동산정책이 비정상화된 부동산시장을 정상화하겠다고 한 것에서 빌린 표현이다. 보금자리주택 정책의 직·간접적 영향으로 주택 공급 주체인 민간 건설사, 하도급 업체들이 파산 위기로 몰리면서 우리나라 경제 전체에도 악영향을 미치게 되었다. 보금자리주택은 민간 분양주택들보다 더 저렴했고 기존에 그린벨트였던 곳을 풀어서 지었으므로 1, 2기 신도시보다 서울에 더 가까웠다. 민간 분양주택들은 경쟁상대가 될 수 없었다.

결국 이 정책은 오래가지 못했다. 박근혜 정부 시기 2013년 4·1 대책은 기존의 분양형 보금자리주택의 공급 목표 70만 호를 20만 호로 줄였다. 이 대책 당시 이미 분양형 보금자리주택이 20만 호 이상 공급된 상태였으므로 분양형 보금자리주택 공급은 이와 함께 종료되었다.

# 박근혜 정부(2013.2~2017.5)
## : 초이노믹스와 주택가격 상승 정책

박근혜 정부의 부동산정책은 '시장 정상화'를 목표로 시작했다. 이명박 정부의 보금자리주택 정책으로 주택 공급 주체, 건설사, 하도급 업체들이 파산 위기에 몰리면서 경제 전체에 끼칠 악영향을 염려해서였다. 이에 정부 초기 민간 부동산시장을 활성화하는 데 전력을 쏟았다.

박근혜 정부의 부동산정책은 초이노믹스를 떼놓고는 이야기하기 어렵다. 2014년 7월부터 시작된 당시 최경환 경제부총리의 경기부양책인 '초이노믹스'는 박근혜 정부의 핵심적인 경제정책이다. 초이노믹스의 골자는 부동산을 담보로 쉽게 돈을 빌릴 수 있게 하고, 금리를 낮추고, 기업이 소유한 돈을 배당 확대 및 사내 유보금 과세 등으로 시장에 유통시켜 내수 활성화와 소비 진작으로 불황을 벗어나겠다는 것이다. 간단히 말해 시장에 돈을 풀어 경기를 살리겠다는 경기부양책이다. 7·24 대책이 초이노믹스를 가장 잘 설명한다. 이전 LTV와 DTI는 모두 50%였다. 7·24 대책을 통해 전 금융권의 LTV를 50%에서 70%로 완화했고, DTI는 50%에서 60%로 완화했다. 즉, 가계의 구매력이 급상승하게 되었다. 기존에 3억이 있는 사람이 최대 6억짜리 집을 살 수 있었다면 7·24 대책 이후 최대 10억짜리 집을 살 수 있게 된 것이다. 2014년 한 해에만 주택담보대출액이 전년 대비 4배나 급증했다.

2014년 9·1대책은 이론적으로 '공급 축소'와 '수요 촉진'의 두 가

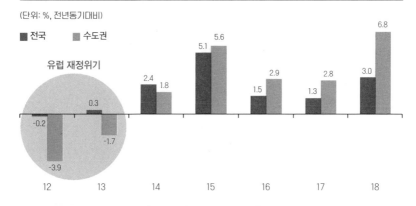

**박근혜 정부(2013.2~2017.5) 전후 아파트매매가격지수 상승률 추이**

(단위: %, 전년동기대비)

■ 전국  ■ 수도권

유럽 재정위기

| 12 | 13 | 14 | 15 | 16 | 17 | 18 |
|----|----|----|----|----|----|----|
| -0.2 / -3.9 | 0.3 / -1.7 | 2.4 / 1.8 | 5.1 / 5.6 | 1.5 / 2.9 | 1.3 / 2.8 | 3.0 / 6.8 |

지 측면에서 역대 최고 수준의 부동산가격 부양책이었다. 먼저 공급 축소 정책으로 택지개발촉진법(택촉법)을 폐지하고 2017년 말까지 LH공사가 더는 신규 택지 지정을 하지 않는 정책을 펼쳤다. 택촉법은 역대 신도시들을 만들 수 있었던 뿌리가 되는 법으로 9·1대책 이후 택촉법 폐지를 둘러싸고 국회에서 여야가 첨예하게 대립했으나 결국 폐지되지는 않았다. 최소한 박근혜 정부 동안에는 더이상 신도시를 건설하지 않으면서 향후 5~6년간 상당한 수준의 공급 절벽을 예고했다.

다음으로 수요 촉진 정책으로 재건축과 재개발을 활성화해 멸실 수요를 촉진했다. 멸실 수요는 노후 주택에 거주하던 세대가 재건축이나 재개발 등으로 주거가 없어졌을 때 이를 대체하는 수요를 뜻한다. 재건축 허용 연한을 기존 40년에서 30년으로 단축했고, 또 안전진단 제도의 점수 체계를 수정했다. 이로써 구조안전성과 무관하게 안전진단을 통과해서 노후 아파트를 재건축할 수 있는 길

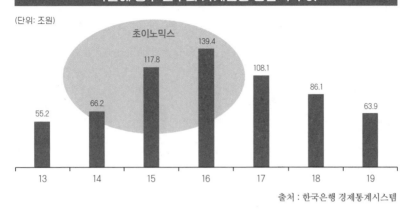

**박근혜 정부 전후의 가계신용 증감액 추이**

(단위: 조원)

초이노믹스

| 13 | 14 | 15 | 16 | 17 | 18 | 19 |
|---|---|---|---|---|---|---|
| 55.2 | 66.2 | 117.8 | 139.4 | 108.1 | 86.1 | 63.9 |

출처 : 한국은행 경제통계시스템

이 열렸다. 그리고 재개발 사업을 할 때 수익성 악화 요인으로 지적되곤 하는 임대주택 건설 요건을 사상 최하 수준으로 완화했다.

2015년 4월에는 분양가상한제 자율화 정책을 도입했다. 이 정책으로 분양가를 자유롭게 결정할 수 있게 되어 9·1대책으로 활성화한 재건축과 재개발이 더욱더 활기를 띠게 되었다. 박근혜 정부의 부동산 정책은 2015년부터 본격적으로 효과를 발휘하기 시작했다. 2015년부터 전국과 서울의 아파트매매가격은 5% 수준 상승했다. 2016년부터는 서울과 수도권의 상승세가 두드러졌다. 당시 시장 활성화 노력이 필요한 측면은 있었으나 경제가 회복되는 국면에서 단행된 초이노믹스는 이후 문재인 정부 초기의 부동산가격 상승 원인 중 하나였다고 판단된다.

한편 안정되기 시작한 가계부채가 2014년 초이노믹스의 영향으로 급등하자 2015년부터 가계부채대책도 함께 펼치기 시작했다. 2015년 7월 고정금리·분할상환으로 대출구조를 개선하고, 가계부

## 박근혜 정부의 주요 부동산정책

| 연도 | 대책 | 주요 내용 |
|---|---|---|
| 2013 | 4·1 서민 주거안정을 위한 주택시장 정상화 종합대책 | 양도세 한시적 감면 및 다주택자 양도세 중과 폐지<br>생애최초주택구입 취득세 면제 및 자금 지원 |
| | 7·24 '4·1' 후속대책 | 전 금융권 LTV 70%, DTI 60% 상향 |
| | 8·28 서민·중산층 주거안정을 위한 전월세 대책 | 취득세율 면적·다주택 무관하게 금액별 3단계로 영구 인하<br>생애최초주택구입자 수익공유형과 손익공유형 모기지상품 제공<br>월세 세입자의 소득공제 확대 |
| | 12·3 '4·1, 8·28' 후속대책 | 통합 정책모기지 시행, 공유형 모기지 본사업 실시<br>희망임대주택 리츠 사업 확대 방안 마련 |
| 2014 | 2·26 임대차시장 선진화방안 | 신규 주택 구입 후 준공공임대로 활용 시 양도세 면제<br>월세 세액공제 전환<br>리츠, 연기금 등 민간자금 유치하여 임대주택 공급 확대 |
| | 7·24 새 경제팀의 경제정책 방향 발표 | 규제완화를 통한 주택시장 정상화 방안 제시 |
| | 9·1 주택시장 활력 회복 및 서민주거안정 강화방안 | 재건축 허용 연한 30년으로 단축<br>재개발 임대주택 의무건설비율 완화<br>청약제도 개편, 1순위 자격 완화<br>그린벨트 해제 및 수도권 공공택지 내 전매제한·거주의무기간 단축 |
| | 10·30 서민 주거비 부담완화 방안 | 저소득층 주거비 지원 |
| 2015 | 4·1 주택3법 시행 | 주택법 개정안(분양가상한제 탄력 적용)<br>재건축초과이익환수법 폐지안<br>도시 및 주거환경정비법 개정안(재건축 조합원에게 소유주택만큼 주택 공급 허용) |
| | 4·6 서민 주거비 부담완화 방안 | 임차보증금 반환 지원 강화<br>월세 대출 지원요건 완화 |
| | 7·7 건축투자 활성화대책 | 결합건축제도 도입, 건축협정 활성화 등 소규모 정비방식 다양화 |
| | 7·22 가계부채 종합관리방안 | 고정금리·분할상환으로 대출구조 개선 가속화<br>가계부채 증가에 대한 주체별 대응력 제고 및 모니터링 강화 |
| | 9·2 서민·중산층 주거안정 강화방안 | 독거노인, 대학생 등 주거취약계층 지원 강화<br>정비사업 등의 요건 완화 등 도심 내 주거환경 개선 |

| 연도 | 대책 | 주요 내용 |
|---|---|---|
| 2016 | 8·25 가계부채 관리대책 | 주택 공급 억제, 집단대출 억제, 가계대출 분할상환 유도 |
| | 11·3 주택시장의 안정적 관리방안 | 전매제한기간 강화<br>1순위 제한, 재당첨 제한<br>중도금 대출보증 강화 |

채 증가에 대한 주체별 대응력 제고 및 모니터링 강화 등을 주 내용으로 한 7·22 가계부채 종합관리방안을 발표했다. 2016년 8월에는 가계부채 관리대책, 주택 공급 억제, 집단대출 억제, 가계대출 분할상환 유도 등을 주 내용으로 하는 8·25 가계부채 관리대책을 발표했다. 초이노믹스가 끝난 2016년에도 한국은행 가계신용이 큰 폭으로 증가하다가 2017년부터 코로나19 팬데믹이 시작하기 전까지 증가폭이 비교적 큰 폭으로 감소했다.

## 문재인 정부(2017.5~2022.5)
## : 시장안정화대책에서 공급 확대로 급전환

2017년 5월 출범한 문재인 정부는 즉각 6·19 부동산 안정 대책을 내놓았다. 2016년의 11·3 부동산 대책을 보완하여 주택시장을 안정적으로 관리하기 위한 선별적, 맞춤형 대응 방안이었다. 조정대상지역을 추가하여 전매제한 대상을 확대했고, LTV와 DTI를 강화했다. 서울의 경우 과열 정도에 따라 강남 4구(강남구, 서초구, 송파구,

강동구)와 그 외 지역으로 차등 적용하던 전매제한기간을 전역으로 확대했으며, 조정대상지역 전체에서 LTV와 DTI의 규제 비율을 각각 70%와 60%에서 10%씩 낮추었다. 그러나 의도와는 달리 규제지역에서 벗어난 서울 인근 지역이나 오피스텔 등 아파트 대체 투자상품 등에 시중자금이 몰리는 풍선효과가 나타나기도 했다.

서울의 아파트매매가격이 가파른 상승세를 보이자 정부는 8·2 대책을 내놓았다. 투기과열지구와 투기지역을 확대하고, 이 지역에서의 LTV와 DTI는 예외 없이 40%를 적용했다. 조정대상지역에도 양도소득세를 중과하고 장기보유특별공제를 없애는 등의 규제를 가했다. 민간택지에 대한 분양권 전매가 1년 6개월간 또는 소유권 이전 등기 시까지 금지되었다. 6·19 대책에서 풍선효과를 누렸던 오피스텔에 대해서도 규제를 강화하고 분양권 불법 전매에 대한 처벌도 강화했다.

9월 5일에는 8·2 부동산 대책 후속조치를 단행하여 투기과열지구를 추가 지정하고, 특정 지역을 집중 모니터링 지역으로 지정했다. 또한 일정 조건이 충족하면 분양가상한제를 적용하기로 했다. 2015년 4월 이후 적용 사례가 없어 사실상 사문화(死文化)된 분양가상한제를 2년 5개월여 만에 부활시킨 셈이다. 10·24 대책에서는 취약차주 맞춤형 지원, 총량 차원의 리스크 관리 등을 주 내용으로 하는 가계부채 종합대책을 내놓으면서 주택담보대출 요건을 더욱 강화했다. 차주가 보유한 부채를 최대한 포괄적으로 반영한 신DTI를 도입해 2018년부터 순차적으로 적용하며 다주택자의 양도세를 중과하고 금리를 인상하는 등의 조치도 취했다.

신DTI는 부동산 투기 수요 억제를 위해 다주택자를 대상으로 한 핀셋 규제다. 2건 이상 주택담보대출을 받을 때 모든 주택담보대출 원리금을 합쳐서 대출 심사에 반영하는 방식으로, 기존에 받은 주택담보대출이 있다면, 그 집을 담보로 추가 대출을 받는 것을 어렵게 만들어 놓은 대출 시스템이다. 신DTI로 집을 사려면 다주택자에게는 대출이 어려워지지만 투기가 아닌 실질적인 거주 목적의 경우 기존보다 오히려 높은 비율의 대출이 가능하다. 기존 DTI는 현재 소득을 기준으로 대출상환능력을 보는 반면, '신DTI'는 증가할 미래 소득까지 반영해 최장 30~35년까지 예상되는 소득을 기준으로 대출상환능력을 판단하기 때문이다. 즉, 소득 대비 대출 금액 산정 과정에서 현재 소득이 적지만 향후 소득이 높아질 것으로 예상되는 젊은 계층은 오히려 더 많은 대출을 받을 수 있다.

2018년에는 광범위한 9·13 부동산종합대책을 내놓았다. 주요 내용으로는 종합부동산세 세율 인상 및 적용 범위 확대, 주택담보대출 규제, 1주택자의 양도소득세 비과세 요건 강화, 임대차·매매·분양시장 관리 강화 등이다. 2019년 4·23 주거종합계획에서는 서민과 실수요자 중심의 주거 안정성을 강화하기 위한 부동산 금융지원책과 더불어 임대주택 부과 비율 상향과 추진위원회·정비업체 업무 제한, 공사비 검증 등의 규제책 등을 발표했다. 9·13 대책의 보완대책인 10·1 대책은 관계기관과의 합동 현장점검 및 상시 조사체계 운영, LTV 규제 적용 대상 확대 등을 포함한다. 12·26 대책은 시가 9억 원 초과 주택의 LTV를 대폭 축소했으며, 시가 15억 원 초과 주택에 대해 주택담보대출을 금지했다. 또한 종부세 세율과 공

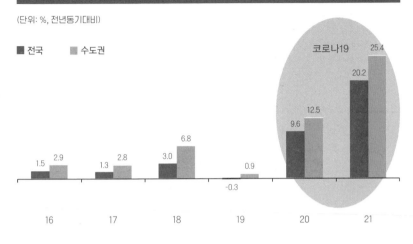

**문재인 정부 전후의 아파트매매가격지수 상승률 추이**

(단위: %, 전년동기대비)

■ 전국　■ 수도권

| | 16 | 17 | 18 | 19 | 20 | 21 |
|---|---|---|---|---|---|---|
| 전국 | 1.5 | 1.3 | 3.0 | -0.3 | 9.6 | 20.2 |
| 수도권 | 2.9 | 2.8 | 6.8 | 0.9 | 12.5 | 25.4 |

코로나19

시가격 현실화율을 상향 조정했다. 2020년에는 수원시의 몇 개 지역 등을 조정대상지역에 추가한 2·20 대책을 내놓았다.

이때까지만 해도 문재인 정부는 시장안정화에 중점을 둔 대책을 발표했다. 하지만 갑작스러운 팬데믹 이후 부동산정책은 대전환하게 된다. 2020년 코로나19의 충격으로 우리나라에도 초저금리 정책에 통화 공급이 급격히 팽창되는 금융완화정책이 펼쳐졌다. 초저금리 자금을 활용한 잠재 수요가 폭발하면서 부동산 등 자산시장이 급등했다. 특히 서울 아파트 매수자 중 20~30대, 영혼까지 끌어모아 집을 산다는 '영끌' 비중이 급증했다.

이에 정부는 다급히 주택 공급 확대가 주 내용인 5·6 수도권 주택 공급 기반 강화방안을 내놓았다. 2020년부터 2023년까지 수도권에 연간 25만 호 이상, 서울에 연간 9만 호 이상의 주택을 공급하겠다는 내용이었다. 또한 기존 수도권 공급계획인 3기 신도시 분양을

## 문재인 정부의 주요 부동산정책

| 연도 | 대책 | 주요 내용 |
|---|---|---|
| 2017 | 6·19 주택시장의 안정적 관리를 위한 선별적, 맞춤형 대응방안 | 일부 지역에 차등 적용하던 전매제한기간을 서울 전역으로 확대<br>조정대상지역 전체에서 LTV·DTI를 10% 하향 조정 |
| | 8·2 주택시장 안정화방안 | 투기과열지구와 투기지역 확대<br>LTV와 DTI 예외 없이 40% 적용<br>양도소득세 중과, 장기보유특별공제 폐지<br>민간택지 분양권 전매 한시적 금지 및 불법 전매 처벌 강화 |
| | 9·5 '8·2 부동산 대책' 후속조치 | 투기과열지구 추가 지정, 집중 모니터링 지역 지정<br>민간택지 분양가상한제 적용요건 변경 |
| | 10·24 가계부채 종합대책 | 주택담보대출 기준 강화<br>차주가 보유한 부채를 최대한 포괄적으로 반영한 신DTI 도입<br>다주택자의 양도세를 중과하고 금리를 인상하는 등의 조치 |
| 2018 | 9·13 임대차시장 선진화 방안 | 종합부동산세 세율 인상 및 적용 범위 확대<br>주택담보대출 규제, 1주택자의 양도소득세 비과세 요건 강화<br>주택임대사업자에 대한 세제 혜택 조정 및 대출 규제 강화 |
| 2019 | 4·23 2019년 주거종합계획 | 서민과 실수요자 중심의 주거 안정성을 강화한다는 부동산 금융지원책 발표<br>임대주택 부과 비율 상향 및 추진위원회·정비업체 업무 제한, 공사비 검증 등의 규제책 발표 |
| | 10·1 '9·13' 보완대책 | 관계기관과의 합동 현장점검 및 상시 조사체계 운영<br>LTV 규제 적용 대상 확대(법인에도 LTV 40% 규제 시행)<br>분양가상한제 시행령 개정안 보완 |
| | 12·26 주택시장 안정화방안 | 시가 9억 원 초과 주택 LTV 40%에서 20%로 축소<br>시가 15억 원 초과 주택에 대한 주택담보대출 금지<br>종부세 세율 최대 0.8% 상향 조정<br>공시가격 현실화율 최고 80%까지 상향 조정 |
| 2020 | 2·20 투기 차단을 위한 주택시장 안정적 관리 기조 강화 | 기존 지역 외 경기도 지역 조정대상지역에 추가<br>조정대상지역 주택에 대해 가격 구간별로 LTV 규제 비율 적용 |
| | 5·6 수도권 주택 공급 기반 강화방안 | 2020년부터 3년간 수도권에 연간 25만 호 이상 주택 공급<br>기존 수도권 공급계획인 3기 신도시 조기분양 추진 |
| 2021 | 2·4 「공공주도 3080+」 대도시권 주택 공급 획기적 확대 방안 | 수도권과 5개 광역시 등에 총 83만 6천 호 신규 주택 공급<br>공공주택 복합사업, 소규모 재개발 등을 통해 도심에 총 30.6만 호 공급 |

앞당기는 내용도 포함되었다. 이후에도 5·20 대책, 6·17 대책, 7·10 대책, 8·4 대책 등 같은 맥락의 크고 작은 다양한 정책들이 나왔다.

하지만 2021년 집값 상승으로 인한 주택시장 불안이 더 커졌다. 도심 내 주택이 부족하다는 인식이 확산하면서 정부는 주택시장 안정을 위해 시민이 원하는 입지와 유형의 주택을 도심에 공급할 수 있도록 2·4 부동산대책으로 「공공주도 3080+」 대도시권 주택 공급 획기적 확대 방안'을 발표했다. 주택시장 안정을 위해 한국토지주택공사(LH)와 서울주택도시공사(SH) 등 공공기관이 주도해 수도권과 5개 광역시 등 대도시를 중심으로 총 83만 6천 호의 주택을 새로 공급하는 방안이 주요 내용이다. 문재인 정부에서 나온 공급 대책 중 최대 규모인 데다 기존 주거복지로드맵 및 3기 신도시까지 포함하면 역대 최대 수준의 공급 대책이다. 문재인 정부는 투기 억제와 서민주거안정을 위한 다양한 정책적 노력을 펼쳤으나 결국 2020년 코로나19 팬데믹 이후 아파트매매가가 급등한 상태에서 임기를 마치게 되었다.

## 각 정부의 부동산정책 종합 분석

국내 부동산정책은 1990년대는 공급 확대, 건설 규제완화정책 등이 이루어지다가, 2000년대에는 규제 강화, 공급 확대, 규제완화 등 다소 모순된 정책들이 시차를 두고 반복되는 모습을 보여주었다. 크게 보면 집권 초기 노무현 정부와 문재인 정부는 부동산시장 규제를 강화하는 정책을, 그 사이에 있었던 이명박 정부와 박근혜 정부는 반대로 규제를 완화하는 정책을 펼쳤다.

먼저 노무현 정부는 당시 버블세븐 지역 위주로 투기 억제 및 안정화 대책을 강조한 부동산정책을 펼쳤다. 그렇지만 이들 지역에서는 부동산정책의 약효가 떨어지면 다시 급등하는 단계별 상승세를 이어갔다. 2007년 초부터 부동산시장이 안정되기 시작하다가 하반기에는 차기 정부의 부동산정책에 대한 기대감으로 다시 상승하기 시작했다. 노무현 정부는 부동산 거래의 투명성을 제고하고, 종합부동산세를 강화했다. 당시 서민 주거 안정의 중요한 지표인 전세가는 비교적 안정세를 보였다.

이명박 정부는 출범 직후 규제를 완화해서 주택 공급을 늘리려는 공급 확대 정책으로 시작했다. 2008년 글로벌 금융위기를 맞이한 후로는 강력한 경기부양책의 일환으로 수요를 살리는 정책으로 전환했다. 커다란 경제적 충격 속에서 국내 주택시장에 이례적인 현상들이 나타났다. 수도권의 아파트매매가가 하락하며 초유의 깡통주택 문제와 역전세난을 경험했다. 유럽 재정위기 시기에는 비수도권만 오르고 수도권은 내리는 부동산시장의 바이플레이션(Biflation) 현상이 나타났다.

박근혜 정부 초기에는 시장가격 안정화를 위해 유명무실해진 이전 정부의 보금자리주택 정책을 폐기했다. 그러면서 초이노믹스로 알려진 경기부양책과 함께 강력한 규제완화정책으로 주택시장 부양책에 집중했다. 주택시장은 침체를 계속하다가 공급 억제 정책을 가세하자 집권 후반기 수도권에서 상승세로 전환했다. 이전 정부에 이어 전세시장 불안도 지속되었다. 향후 주택시장의 불안 요인으로 대두된 가계부채가 이 시기부터 급증하기 시작했다.

문재인 정부는 투기수요 억제와 주택시장 안정화를 위해 규제강화정책을 지속했다. 그러나 오히려 수도권 중심의 상승세가 전국적으로 확산했고, 2020년 코로나19 팬데믹 이후 급등세를 보였다. 해외 부동산시장에도 유사한 가격 상승이 발생했지만, 특히 서울과 수도권의 상승세는 해외보다 더 급등하는 양상을 보여주었다. 이에 문재인 정부는 집권 후반기 주택시장 안정을 위해서 주택 공급 확대 정책으로 돌아섰다.

어느 정부에서 아파트 매매·전세가가 가장 많이 올랐는지 살펴보면, 먼저 아파트매매가 기준으로는 문재인 정부로 전국적으로 38.0%, 서울은 무려 62.0% 상승했다. 그다음이 노무현 정부로 전국적으로 33.7%, 서울은 56.6% 상승을 기록했다. 박근혜 정부와 이명박 정부는 매매가 상승률이 낮았고, 특히 금융위기를 맞이했던 이명박 정부에서 서울의 아파트매매가는 3.2% 하락한 것으로 나타났다. 반면 전세가는 이명박 정부 시기 전국 39.3%, 서울 32.6% 상승으로 가장 높았고, 박근혜 정부 시기에는 전국 20.2%, 서울 28.6% 상승을 기록했다. 문재인 정부의 서울 전세가 상승률도 30.5%를 기록했다.

매매가 상승률과 전세가 상승률로 각 정부의 부동산정책을 평가하는 것은 정확하지 않다. 첫째, 정책의 효과가 대개 최소 6개월 이후부터 나타나기 때문에 집권 초기 부동산시장의 움직임은 이전 정부의 정책 영향에서 비롯된다. 둘째, 건설 및 관련 산업 활성화,

| 각 정부 집권 시기 아파트가격지수 상승률(단위: %) | 매매 | | 전세 | |
|---|---|---|---|---|
| | 전국 | 서울 | 전국 | 서울 |
| 노무현 정부(2003.2~2008.2) | 33.7 | 56.6 | 11.3 | 11.8 |
| 이명박 정부(2008.2~2013.2) | 15.2 | −3.2 | 39.3 | 32.6 |
| 박근혜 정부(2013.2~2017.5) | 10.0 | 10.5 | 20.2 | 28.6 |
| 문재인 정부(2017.5~2022.5) | 38.0 | 62.0 | 19.8 | 30.5 |

이에 따른 고용창출 효과와 주거환경 개선 등의 경제적, 사회적 효과도 고려해야 하므로 단지 매매가나 전세가가 높거나 낮다는 것으로 정책 효과를 판단할 수는 없다. 셋째, 부동산시장에는 글로벌 경제위기 등 국내 정책만으로는 대처하기 어려운 거시 환경이 작용한다.

이번에는 단순히 매매가·전세가 비교가 아니라 주택종합지수로 판단해 보자. 교과서적 이론에 의하면 부동산시장은 부동산 매매가, 임대료뿐만 아니라 부동산시장의 특성인 공간시장과 자산시장 간의 상호관계를 설명하는 디파스퀠리-위튼(DiPasquale&Wheaton, 1996)의 4분면을 활용해서 평가해야 한다. 임대료(R), 가격(P), 건설(C), 재고(S) 등이 부동산시장을 움직인다. 이에 따라 여기서는 아파트전세가격지수, 아파트매매가격지수, 주택건설 수주액, 미분양주택을 각각 대표 변수로 선택했다. 네 가지 변수의 데이터 단위가 다르므로 각 변수를 정규분포 표준화했다. 즉, 각 변수의 평균을 0, 표준편차를 1로 하여 크기와 분포를 균등화했다. 그렇게 한 후 이들

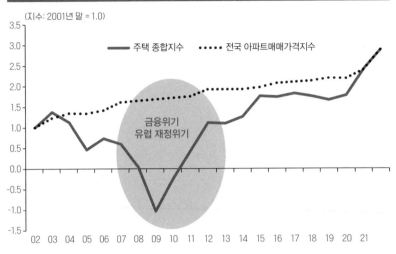

(지수 : 2001년 말 = 1.0)

—— 주택 종합지수    ••••• 전국 아파트매매가격지수

금융위기
유럽 재정위기

02 03 04 05 06 07 08 09 10 11 12 13 14 15 16 17 18 19 20 21

출처 : 국토교통부 및 KB부동산 데이터 저자 재가공

시계열 데이터를 같은 비중으로 합해 주택종합지수를 구했다. 종합
지수가 높으면 주택경기가 좋고, 낮으면 그 반대다.

전국 아파트매매가격지수와 비교해 보면 주택종합지수는 상황
에 따라 크게 변화하는 모습을 보여준다. 금융위기와 유럽 재정위
기 기간에 주택종합지수는 급격히 떨어졌다. 만일 종합지수가 좀
더 정확한 주택시장 여건을 반영한 것이라면, 아파트매매가격지수
는 금융위기와 유럽 재정위기 기간 주택시장을 정확히 반영하지 못
했다고 할 수 있다. 그만큼 당시 우리나라 정부는 주택경기 악화가
시장에 반영되지 않도록 주택가격을 유지하는 데 역점을 두었다고
할 수 있다.

두 번의 위기 이후 두 지수의 격차가 조금씩 해소되면서 코로나

19 팬데믹 이후에는 움직임이 유사하다. 즉, 팬데믹 상황에서는 아파트매매가격지수가 주택시장의 여건을 제대로 반영했다고 볼 수 있다.

어느 정부가 효과적인 부동산정책을 펼쳤는지 평가하기는 매우 어렵다. 그동안 정부마다 극단적인 규제완화 또는 규제 강화를 내세우며 결과적으로 주택시장을 큰 혼란에 빠지게 했다. 주택정책은 실질적인 거래 안정보다 수도권 지역 가격안정에 초점이 맞춰졌다. 인위적인 가격안정 유도는 오히려 수요자와 공급자 간 체감가격 갭(Gap)만 확대해 실거래를 위축시킬 수 있다. 따라서 향후 주택시장이 침체된다면 '거래 없는 가격안정'보다 '거래 활성화'에 중점을 둔 정책이 필요하다.

주택정책이 일관성을 잃어 수요자들의 신뢰를 얻지 못하면서 정책 효과가 크지 않았다. 수요와 공급에 시차가 있을 수밖에 없는 주택의 성격을 고려해 향후 인구 및 사회구조 변화를 철저히 분석하여, 시장이 정부 정책을 예견하고 맞춰나갈 수 있도록 일관된 주택정책을 펼쳐야 한다.

# 점증하는
# 가계부채 위험

# 4장
# 악화일로의 가계 재무상태

우리나라 가계의 실물자산 편중 현상으로 부동산 침체가 가계부채 문제와 직결된다는 점은 그동안 잘 알려져 있었다. 특히 중산층의 담보대출 비중이 높고, 30세 미만의 부채가 급격히 증가하고 있어 경각심이 요구된다.

## 부동산에 편중된 가계자산·부채

한국금융투자협회에서 조사한 2019년 말 기준 주요국의 가계 자산 중 부동산 등 실물자산의 비중을 비교한 결과를 보면 한국은 64.4% 수준으로 미국, 일본 등 주요국보다 크게 높은 수준이다. 실물자산 비중이 높은 것은 전통적으로 토지와 주택 등 부동산 선호 경향이 강하기 때문이다. 호주를 제외한 미국, 일본, 영국 등의 실물자산 비중은 50% 이하이다. 미국은 1990년대 금융자산 비중이 빠르게 증가하면서 실물자산 비중이 줄었고, 일본의 경우 1990년대 부동산버블 붕괴 이후 상대적으로 금융자산이 커진 결과로 보인다. 금융위기 이후 부동산가격이 급등한 호주의 경우 57.0%를 기록하고 있다.

한편 우리나라 가구의 재무 상황은 통계청이 금융감독원 및 한국은행과 공동으로 전국의 2만 표본가구를 대상으로 매년 시행하는 '가계금융복지조사'를 통해서도 살펴볼 수 있다. 이 책에서 다루는 가계의 자산·부채와 재무 건전성 등은 대부분 이 조사 결과를 근거로 한다. 매년 12월에 발표되는 자료에서 저량(貯量, stock) 지표들은 해당 연도 3월 31일 기준이며, 유량(流量, flow) 지표들은 전년도 1년간을 기준으로 한다. 만일 2021년 12월 발표 자료라면 자산,

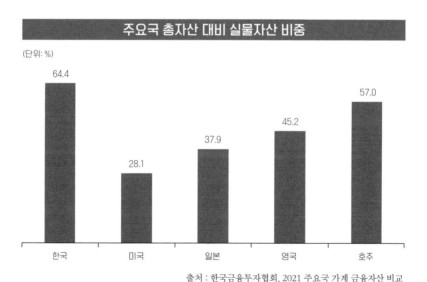

주요국 총자산 대비 실물자산 비중

(단위: %)

| 한국 | 미국 | 일본 | 영국 | 호주 |
|------|------|------|------|------|
| 64.4 | 28.1 | 37.9 | 45.2 | 57.0 |

출처 : 한국금융투자협회, 2021 주요국 가계 금융자산 비교

부채, 가구 구성 등 저량 지표들은 2021년 3월 31일 기준이며 소득, 지출, 원리금 상환액 등 유량 지표들은 2020년 1년간을 기준으로 한다. 저량 지표란 특정 시점에 측정한 고정된 값이고, 유량 지표는 일정 기간 동안 변화한 추이를 측정한 값이다.

통상적으로 가계자산은 금융자산과 비금융자산인 실물자산으로 구분한다. 이중 금융자산은 금융상품과 기타 금융자산으로 구분한다. 가계금융복지조사에서 금융상품은 은행, 증권사, 보험사 등의 금융기관이 취급하는 저축·투자·보험 상품을 의미하고, 기타 금융자산은 전월세보증금과 상가의 권리금도 포함한다. 실물자산은 부동산과 기타 실물자산으로 구분한다. 부동산은 보통 주택, 토지, 건물 및 상가 등으로 구분하며, 기타 실물자산은 귀금속, 그림 등을 말하는데 자영업자의 사업 설비 및 재고자산, 건설 및 농업용 장비, 동물이나 식물까지 포함한다.

먼저 가계금융복지조사에서 가계자산 측면을 살펴보자. 2021년 3월 말 기준, 가구당 평균 자산은 5억 253만 원이다. 이 중 금융자산은 1억 1,319만 원으로 22.5%를 차지하고, 실물자산은 3억 8,934만 원으로 77.5%를 차지하고 있다. 금융자산 중 저축액이 8,099만 원으로 전체에서 16.1%를 차지하고, 나머지는 전월세보증금이 3,220만 원으로 전체에서 6.4%를 차지한다. 실물자산은 부동산이 3억 6,708만 원으로 전체에서 73.0%를 차지한다. 부동산 자산은 가계금융복지조사가 제대로 체계가 잡히기 시작한 2013년에 비해 2021년 현재 1억 4,648만 원 증가했고, 그 비중도 5.2%나 늘었다. 최근의 부동산 가격 상승이 그 원인으로 분석된다.

| | 자산 | 금융자산 | | | 실물자산 | | | | |
|---|---|---|---|---|---|---|---|---|---|
| | | 저축액 | 전·월세 보증금 | | | 부동산 | 거주 주택 | 거주 주택 이외 | 기타 실물 자산 |
| 2013 | 32,557 (100.0) | 8,700 (26.7) | 6,343 (19.5) | 2,357 (7.2) | 23,856 (73.3) | 22,060 (67.8) | 11,826 (36.3) | 10,234 (31.4) | 1,796 (5.5) |
| 2021 | 50,253 (100.0) | 11,319 (22.5) | 8,099 (16.1) | 3,220 (6.4) | 38,934 (77.5) | 36,708 (73.0) | 22,876 (45.5) | 13,833 (27.5) | 2,226 (4.4) |

**국내 가계자산 추이** (단위 : 만 원, %)

'거주 주택 이외'에는 '계약금 및 중도금' 포함. ( )안은 구성비.
출처 : 통계청 연도별 가계금융복지조사

다음으로 가계부채 측면을 살펴보자. 2021년 3월 말 기준, 가구당 평균 부채는 8,801만 원이며, 금융부채는 6,518만 원으로 74.1%, 임대보증금은 2,283만 원으로 25.9%를 차지한다. 금융부채 중에서는 담보대출이 5,123만 원으로 전체에서 58.2%의 가장 높은 비중을 차지하고, 신용대출이 966만 원으로 11.0%를 차지한다. 가계부채는 2021년 말 기준으로 2013년 말보다 2,983만 원 증가했고, 대부분 부동산 자산에 설정된 담보대출의 비중도 3.4%나 늘었다. 이역시 최근의 부동산가격 상승이 크게 작용한 것으로 분석된다.

이처럼 국내 가계의 자산·부채 구성에서 부동산이 차지하는 비중은 매우 크다. 그런데 실제로는 부동산과 관련된 자산·부채의 비중이 통계보다 더욱 크다고 할 수 있다. 우리나라에는 세계에서 유일한 전세제도라는 독특한 임대차 제도가 있다. 전세제도 하에서의 전월세보증금이라는 자산과 부채도 부동산과 밀접한 관련이 있다.

| | 부채 | 금융부채 | | | | | 임대보증금 |
|------|------|------|------|------|------|------|------|
| | | | 담보대출 | 신용대출 | 신용카드 관련 대출 | 기타 | |
| 2013 | 5,818 (100.0) | 3,967 (68.2) | 3,189 (54.8) | 639 (11.0) | 58 (1.0) | 80 (1.4) | 1,852 (31.8) |
| 2021 | 8,801 (100.0) | 6,518 (74.1) | 5,123 (58.2) | 966 (11.0) | 63 (0.7) | 366 (4.2) | 2,283 (25.9) |

**국내 가계부채 추이** (단위 : 만 원, %)

( )안은 구성비. 출처 : 통계청 연도별 가계금융복지조사

자산 측면에서 전월세보증금까지 합치면 실질적인 부동산 관련 자산이 79.4%나 된다. 부채 측면에서도 부동산 담보대출과 언젠가는 돌려줘야 할 임대보증금을 합하면 무려 84.1%를 차지한다.

부동산 비중이 높은 자산 구성은 가계자산의 유동화를 저해하며 은퇴 후 생활비로 쓸 꾸준한 현금흐름을 창출하기 어렵다. 주택연금이 좋은 대안이긴 하나, 아직은 가입률이 낮은 편이다. 또한 최근의 주택가격 급등으로 가입이 제한되는 공시가격 9억 원(2022년 5월 기준)을 넘는 주택이 크게 늘었다. 부동산 시장이 호조일 때는 문제가 없지만 향후 부동산 시장이 침체되고 다른 조건은 같다면, 자산 가치가 떨어지고 부채는 그대로라 순자산이 대폭 감소할 뿐만 아니라 자산 처분을 통한 유동성 확보가 쉽지 않아 부채상환이 어렵게 된다. 고령자의 소비가 둔화됨은 물론 생계에 곤란을 겪을 수도 있다. 가구 소득별, 가구주 연령별 자산·부채를 살펴볼 때 부동산에 기초한 자산 비중은 고소득 가구보다 중간소득 가구가 더 높고,

연령별로는 노령 가구주가 높다. 담보대출 비중은 중산층이 가장 높다. 결과적으로 국내 가계의 재무 건전성은 부동산 시장 변화에 크게 의존하고 있다고 볼 수 있다. 이는 다른 한편으로 정부가 가계 실물자산의 가치를 안정적으로 유지시키는 동시에, 주택연금 가입률을 높이고, 고령자가 부동산을 처분해 은퇴자금을 넉넉히 확보할 수 있도록 평생 안심하고 살 수 있는 고령자 대상 임대주택을 보급하는 등 가계 실물자산을 금융자산으로 전환시킬 방안을 시급하게 강구해야 함을 시사한다.

## 가계 재무 건전성 악화

우리나라 경제 규모가 커지면서 가계의 자산과 부채 모두 증가했지만, 부채가 자산보다 더 빠르게 증가하면서 가계의 재무 건전성이 꾸준히 악화되어 왔다. 통계청 가계금융복지조사가 내용적으로 어느 정도 체계를 갖춘 2013년부터 최근까지 가계 재무의 건전성을 살펴보자.

먼저 자산 대비 부채 비율이 전반적으로 높아지고 있다. 실물자산을 제외한 순수 금융자산이라 할 수 있는 저축액 대비 금융부채 비율은 2013년 61.5%에서 2021년 80.5%로 상당히 가파르게 증가했다. 총 자산 대비 부채 비율의 경우 2013년 17.9%에서 2020년 18.5%로 증가하다가 2021년 부동산가격 급등 등으로 분모에 있는 총자산이 증가하면서 17.5%로 급락했다. 오히려 2013년보다 0.4%

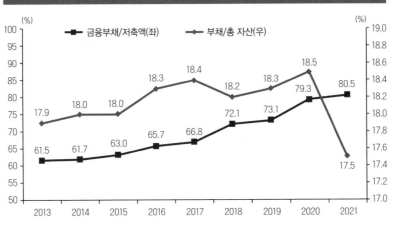

(%)  ■ 금융부채/저축액(좌)  ◆ 부채/총 자산(우)  (%)

61.5  61.7  63.0  65.7  66.8  72.1  73.1  79.3  80.5

17.9  18.0  18.0  18.3  18.4  18.2  18.3  18.5  17.5

2013  2014  2015  2016  2017  2018  2019  2020  2021

출처 : 통계청 연도별 가계금융복지조사

감소했다.

가계 처분가능소득 대비 부채 상황은 더욱 빠르게 악화되고 있다. 금융부채를 처분가능소득으로 나눈 비율은 2013년 108.8%였지만 점점 증가해 2021년에는 130.3%를 기록했다. 가계 소득에서 세금 등을 제하고 남은 처분가능소득을 한 푼도 안 쓰고 1년 3개월 이상 갚아야 한다는 말이다. 원리금 상환액을 처분가능소득으로 나눈 비율도 빠르게 증가하고 있다. 2013년 19.1%에서 꾸준히 증가하면서 2021년 25.3%로 상승했다. 가계가 실제로 쓸 수 있는 소득 중 1/4을 빚을 갚는 데 사용하고 있다는 뜻이다.

최근 부동산가격이 급등함에 따라 총자산 대비 부채 비율은 하락했지만, 종합적으로 살펴볼 때 우리나라 평균 가계의 건전성은 계속해서 악화되고 있다. 만약 부동산가격이 하락한다면 실물자산 가

## 가계 처분가능소득 대비 부채 및 원리금 상환액 추이

(%)

■ 원리금상환액/처분가능소득(우)   ◆ 금융부채/처분가능소득(좌)   (%)

| | 2013 | 2014 | 2015 | 2016 | 2017 | 2018 | 2019 | 2020 | 2021 |
|---|---|---|---|---|---|---|---|---|---|
| 금융부채/처분가능소득 | 108.8 | 107.8 | 111.1 | 117.4 | 111.5 | 118.6 | 121.7 | 125.6 | 130.3 |
| 원리금상환액/처분가능소득 | 19.1 | 21.7 | 24.0 | 26.6 | 22.7 | 23.6 | 24.8 | 24.6 | 25.3 |

매년 가계금융복지조사 발표 시점 기준. 출처 : 통계청 연도별 가계금융복지조사

치가 떨어져 총자산 대비 부채 비율도 크게 올라갈 수 있다. 부동산 자산 가치가 큰 폭으로 올라 현재까지는 큰 문제가 발생하지 않고 있다고 보이지만, 부동산가격이 하락하거나 금리가 상승할 경우 가계의 재무 건전성이 악화될 수 있음을 시사한다.

## 중산층 가계의 잠재 부채 위험

우리나라는 산업화 과정에서 중산층이 대규모로 형성되었다. 중산층은 우리 사회의 안정적 발전에 크게 기여한 것으로 평가된다. 중산층의 개념이 명확하지 않지만 보통 경제적·통계적으로 OECD 기준에 따라 가구를 소득순으로 나열했을 때 한가운데에 있는 가구

소득(중위소득)의 50~150% 범위에 속한 가구를 뜻한다. 그런데 아직 가시화하지는 않았지만, 최근 이들 중산층 가계의 부채 위험이 잠재적으로 증가하고 있는 것으로 보인다.

가구소득 분위별로 살펴보자. 가계금융복지조사의 가구소득은 5분위로 나뉜다. 소득이 가장 낮은 20%가 1분위, 바로 위 20%가 2분위, 가장 소득이 높은 20%가 5분위로 구분된다. 2021년 가구소득 분위별 자산을 보면 소득 5분위 가구의 평균 자산은 10억 9,791만 원으로, 1분위 가구 평균 자산 1억 6,456만 원의 6.7배다. 한편 소득이 낮을수록 대체로 실물자산의 비중이 높은데 1분위의 실물자산 비중은 78.8%다.

가구당 부채를 보면 가구소득이 높을수록 부채 규모도 비례해 증가하고 있다. 소득 1분위 가구는 1,755만 원의 부채를 보유한 반면, 소득 5분위 가구는 1억 9,679만 원의 부채를 보유한 것으로 나타났다. 총부채 대비 담보대출 비율은 4분위가 가장 높고, 1분위 가구가 가장 낮다. 소득이 가장 높은 5분위의 경우 부동산 임대소득이 많고, 담보대출보다 임대보증금 비중이 상대적으로 높았다.

소득분위별로 자산·부채의 차이에 따라 소득이 높은 가계와 그렇지 못한 가계 간의 순자산 증가폭에도 차이가 벌어지면서 '부의 양극화' 현상이 뚜렷하게 진행되고 있다. 2013년부터 2021년까지 소득분위가 높을수록 특히 자산의 증가세가 두드러진다. 부채의 경우 전 분위에 걸쳐 증가하며 분위가 높을수록 증가폭이 커지고 있으나 자산의 증가폭에 비해서는 미미하다. 그 결과 자산에서 부채를 뺀 순자산은 소득이 높을수록 크게 증가했고, 특히 5분위의 경

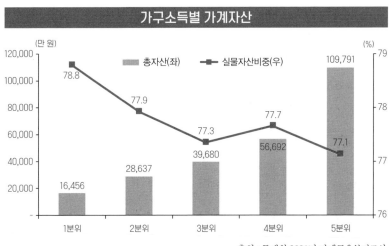

가구소득별 가계자산

(만 원)

총자산(좌) ■ 실물자산비중(우)

(%)

출처 : 통계청 2021년 가계금융복지조사

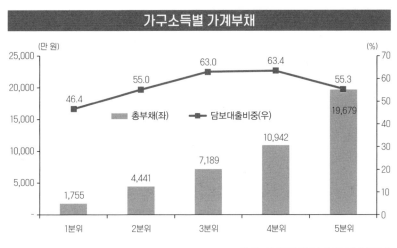

가구소득별 가계부채

(만 원)

총부채(좌) ■ 담보대출비중(우)

(%)

출처 : 통계청 2021년 가계금융복지조사

우 저축액 등 금융자산의 증가에 힘입어 자산이 무려 2억 8,396만 원 증가했다.

그런데 3, 4분위 중산계층의 경우 실물자산의 가치 상승으로

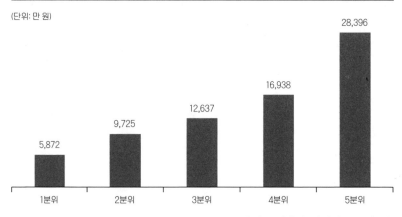

**가구 소득분위별 순자산 증가폭(2013~2021)**

(단위: 만 원)

- 1분위: 5,872
- 2분위: 9,725
- 3분위: 12,637
- 4분위: 16,938
- 5분위: 28,396

출처 : 통계청 연도별 가계금융복지조사

순자산이 크게 증가했지만, 부채 위험도 점점 커지고 있다. 총자산 대비 부채 비율과 순수 금융자산에 해당되는 저축액 대비 금융부채 비율의 경우 소득분위별로 차이를 보인다. 전반적으로 1분위와 2분위가 낮고, 소득이 커질수록 커진다. 중산층에 해당하는 3, 4분위의 금융부채 비율이 가장 큰 폭으로 증가했다. 5분위의 경우 오히려 3, 4분위보다 낮아졌다. 가계 처분가능소득 대비 금융부채와 원리금 상환액 비율도 대체로 1분위와 5분위가 낮고, 3, 4분위가 높다. 결론적으로 우리 경제의 기둥인 중산층의 자산 또는 소득 대비 재무 건전성이 상대적으로 빠르게 악화되고 있음을 알 수 있다.

# 가구 소득분위별 건전성 변화(2013~2021)

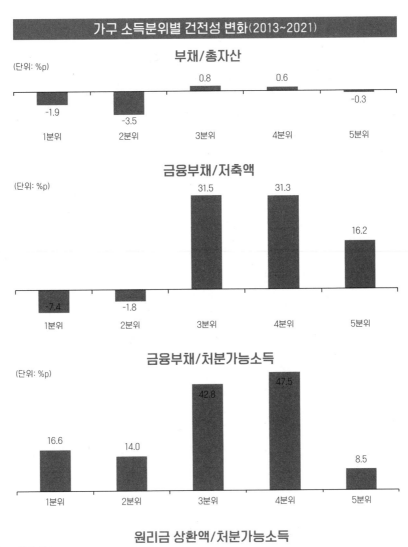

### 부채/총자산

(단위: %p)

| 1분위 | 2분위 | 3분위 | 4분위 | 5분위 |
|------|------|------|------|------|
| -1.9 | -3.5 | 0.8 | 0.6 | -0.3 |

### 금융부채/저축액

(단위: %p)

| 1분위 | 2분위 | 3분위 | 4분위 | 5분위 |
|------|------|------|------|------|
| -7.4 | -1.8 | 31.5 | 31.3 | 16.2 |

### 금융부채/처분가능소득

(단위: %p)

| 1분위 | 2분위 | 3분위 | 4분위 | 5분위 |
|------|------|------|------|------|
| 16.6 | 14.0 | 42.8 | 47.5 | 8.5 |

### 원리금 상환액/처분가능소득

(단위: %p)

| 1분위 | 2분위 | 3분위 | 4분위 | 5분위 |
|------|------|------|------|------|
| 1.6 | 9.1 | 6.4 | 12.1 | 7.0 |

출처 : 통계청 연도별 가계금융복지조사

# 신용불량 위기에 직면한 '영끌' 세대

가구주 연령별로 자산 상황을 보면 50대(50~59세)인 가구가 5억 6,741만 원으로 가장 많은 자산을 보유하고 있으며, 그다음이 40대로 5억 5,370만 원, 60대 이상이 4억 8,914만 원을 차지하고 있다. 반면, 30세 미만은 1억 2,140만 원으로 가장 적은 자산을 보유하고 있다. 전체 자산 중 실물자산의 비중은 연령대가 올라갈수록 늘어나는데, 60대 이상의 실물자산 구성비는 무려 82.2%를 차지한다.

가구주 연령대별 부채의 경우 40대 1억 2,208만 원, 30대 1억 1,190만 원, 50대 1억 74만 원 순으로 부채를 많이 보유하고 있다. 30세 미만은 3,550만 원으로 가장 적지만 담보대출 비중은 가장 높다. 가구주 연령이 높을수록 총부채 중에서 담보대출 비중은 낮다. 20대와 30대의 담보대출 비중이 높게 나온 것은 코로나19 팬데믹 이후 주택가격과 주식가격이 폭등하자 담보대출로 부동산과 주식에 투자한 현상이 반영되었다고 판단된다.

2013~2021년 사이 30대~60대 가구주의 순자산이 크게 증가했다. 특히 40대의 경우 약 1억 6,911만 원 증가했다. 반면 30세 미만 가구주 가계의 순자산 증가는 미미했다. 이들 청년층 가구는 취업의 어려움 등으로 자산 증가가 어려운 데다 전세가 상승에 따른 임대보증금 관련 부채와 재테크 투자를 위한 부채가 늘어나면서 순자산이 1,504만 원 증가에 그치고 있다.

재무 건전성 측면에서도 다른 연령층에 비해 30세 미만이 빠르게 악화되고 있다. 총자산 대비 또는 저축액 대비 부채 비율은 전

**가구주 연령별 가계자산**

(만 원) ▨ 총자산(좌) ━■━ 실물자산비중(우) (%)

출처 : 통계청 2021년 가계금융·복지조사

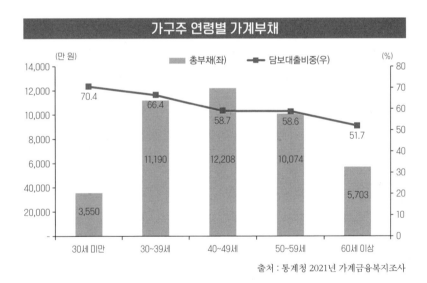

**가구주 연령별 가계부채**

(만 원) ▨ 총부채(좌) ━■━ 담보대출비중(우) (%)

출처 : 통계청 2021년 가계금융·복지조사

연령대에 걸쳐 증가하고 있지만 그렇게 빠르게 상승하지는 않았다. 부채 증가 못지않게 실물자산도 빠르게 증가했기 때문이다. 그러나

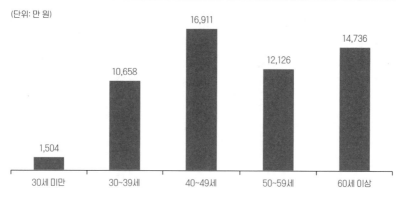

30세 미만 가구주는 실물자산 증가가 부채 증가를 상쇄하지 못하므로 부채 비율이 빠르게 증가하고 있다.

가계 처분가능소득 대비 금융부채와 원리금 상환액 비율은 전체 평균 연령층에 걸쳐 증가하고 있다. 그런데 30세 미만의 경우 2017년까지는 상대적으로 매우 낮게 유지되다가 2018년부터 빠르게 증가했는데 특이하게도 2021년 급락했다.

얼핏 보면 긍정적인 현상일 수도 있지만, 코로나19 이후 비대면 사회로 들어서면서 상대적으로 젊은 계층의 일자리가 늘어나서 즉, 분모의 처분가능소득이 증가했기 때문이라고 생각된다. 팬데믹이 장기화하면서 대면 일자리의 수는 적어진 대신 비대면 일자리 수가 많아지면서 상대적으로 비대면 일자리에 적응력이 높은 젊은 계층의 일자리가 늘어났다. 고용노동부에 따르면 이 기간 동안 재택근무, 원격교육, 온라인 소비 수요가 커지며 전자·통신 등 제조업부터

무점포 소매업·컴퓨터 프로그래밍 등 서비스업까지 이 분야 고용보험 가입자가 지속해서 증가했다. 비대면 일자리 비중이 높은 정보통신업, 운수창고업에서의 취업자도 증가했다. 이런 통계를 근거로 일의 속성상 주로 젊은 계층이 비대면 일자리에 취업하면서 이들의 처분가능소득이 증가했음을 알 수 있다. 가계금융복지조사 자료에 따르면 2021년 39세 미만 인구의 전년 대비 처분가능소득 상승률은 4.2%로서 40대의 0.6%와 50대의 2.1%와 비교해 크게 높았다. 경제 상황이 완전히 코로나 이전으로 돌아가기는 어렵더라도 다시 대면 사회로 회귀한다면, 젊은 계층의 처분가능소득이 감소하면서 처분가능소득 대비 금융부채와 원리금 상환액 비율이 다시 급등할 수도 있다.

통계분석 결과 향후 30세 미만 가구의 부채 위험이 예견된다. 즉, 영혼까지 끌어모은 대출로 재테크에 투자했다는 '영끌' 청년층 신용불량 문제가 다시 불거질 수도 있다. 우리는 2003~2004년 카드 사태로 개인 신용불량자 수가 급증했던 경험이 있다. 당시 국내 개인 신용불량자는 경제활동인구의 1/6을 상회하는 400만 명을 기록했다. 신용불량자 증가는 금융기관이 제공하는 신용공급을 축소해 실물경제의 회복을 지연시키고, 부실채권을 증가시켜 금융기관의 수익성과 건전성을 악화시켰다. 이는 다시 경제활동 둔화로 이어져 소득감소 및 소비위축, 금융기관 경영악화, 그리고 다시 신용불량자 증가라는 악순환을 불러왔다.

## 30세 미만 가구주의 연령별 재무 건전성 추이

### 부채/총자산

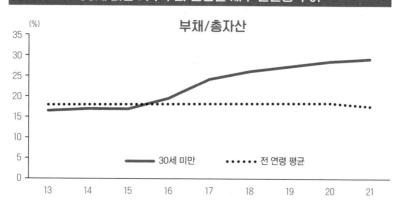

### 금융부채/저축액

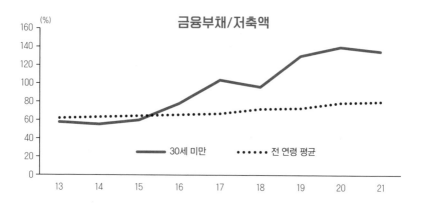

### 금융부채/처분가능소득

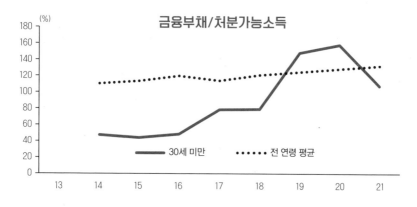

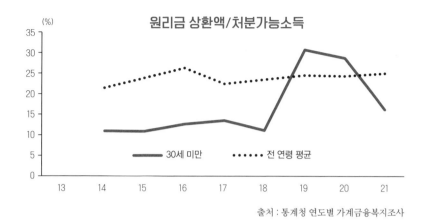

원리금 상환액/처분가능소득

(%)

━━━ 30세 미만     ••••• 전 연령 평균

출처 : 통계청 연도별 가계금융복지조사

## 일촉즉발의 자영업자 부채

우리나라 자영업자는 상당수가 경제적 취약 계층인데, 팬데믹 이후 그들의 경제적 어려움이 가중되었다. 자영업자의 범위는 국가마다 약간씩 차이가 있지만, 대체로 단독으로 사업체를 운영하는 자영자, 임금근로자를 고용하여 사업체를 운영하는 고용주, 자영업체에서 보수 없이 근무하는 무급 가족종사자 등으로 구성된다. 일반적으로 자영업자 수는 경제 상황과 매우 밀접하게 움직인다. 통계청 정의에 따른 자영업자(고용주+자영자) 수는 2008년 금융위기 당시 600만 명을 상회한 후 감소 추세에 있다가, 위기가 닥칠 때마다 다시 증가하는 모습을 보여주고 있다.

현재 우리나라의 자영업자 비중은 약 25%로, 취업자 4명 중 1명 정도는 자영업자다. OECD 회원국 평균인 15%의 1.7배 수준이다. 통상 1인당 국내총생산(GDP)이 낮은 국가일수록 자영업자 비중이 높은 경향을 보인다. OECD 회원국 중 한국보다 자영업자 비중이 높은 국가는 우리나라보다 경제력 수준이 낮은 그리스, 터키, 멕시코, 칠레 등이다. 미국과 일본의 자영업자 비중은 각각 6%대, 10%대로 낮다.

우리나라에서 자영업은 이미 오래전부터 과포화 상태로 점점 더 경쟁이 치열해지는 양상을 보였다. 자영업 시장의 경쟁 심화는 무엇보다 많은 사람이 안정된 일자리를 구하지 못하고 있기 때문이다. 통계청 '소상공인 실태조사'에 의하면 자영업을 시작한 동기의 80% 이상은 창업 외에 다른 대안이 부재해서다.

더욱 큰 문제는 비자발적 퇴직자의 상당수가 사전계획이나 경험 없이 준비되지 않은 무모한 생계형 자영업 창업을 하고 있다는 점이다. 다수의 자영업 창업자들이 진입장벽이 낮은 업종으로 쏠리면서 경쟁은 치열해지고, 생존율은 낮아지는 현상이 나타난다. 업종과 사업성 등을 철저히 분석하고 충분한 준비 기간을 거쳐 창업에 나서기보다는, 상당수가 주변에서 자주 보던 생활밀접형 업종을 보면서 '나도 할 수 있다'는 마음으로 창업을 시도한다. 통계청 '경제활동인구 조사'의 '비임금근로자 조사' 결과에 따르면, 자영업 창업자의 절반가량이 1~3개월 미만의 짧은 창업 준비기간만 거친 것으로 조사되었다. 특히 아직 경제활동을 계속해야 하는 베이비부머 세대(1955~1963년 출생)가 은퇴 후 마땅한 재취업의 길이 없어 대거 자영업 시장으로 유입되고 있다.

따라서 우리나라 자영업자의 평균 소득은 상용근로자보다 낮을 수밖에 없다. 2012년 통계청의 '가계금융복지조사'가 시작된 이래 자영업자의 소득과 상용근로자의 임금소득 간 격차가 커지고 있다. 2021년 현재 자영업자의 연간 평균 경상소득(비교적 정기적이고 예측 가능한 소득)은 상용근로자의 평균 연간 경상소득 대비 약 1,500만 원이 적다. 코로나19로 영업환경이 크게 나빠지면서 자영업자의 수익성이 그만큼 악화된 것으로 보인다.

자영업자들은 현재 심각한 부채에 시달리고 있다. 부채의 용도는 대부분 사업자금 및 생활비 마련이다. 특히 설비투자 비용과 임대료 급등으로 인한 창업비용 증가가 사업자금 대출 확대의 주된 요인이 되고 있다. '가계금융복지조사'에 의하면 자영업자 가구의 평균 가계부채는 상용 임금근로자보다 많다. 코로나19 이후에는 자영업 유지를 위한 생존형 부채도 급격히 늘고 있다. 한편 자영업자 전체의 부채는 한국은행 자금순환 통계에서 유추할 수 있다. 자금순환 '가계 및 비영리단체의 부채'에서 '가계신용'을 빼면 주로 자영업자의 부채가 남는다. 자영업자 부채는 지속해서 증가하다가 2020년 팬데믹 이후 더욱 빠른 속도로 증가하고 있다. 통계 방식에 따라 다소 차이가 있을 수는 있지만, 2021년 말 현재 자영업자 부채는 무려 383조 원 수준으로 추정된다.

코로나19 이후 자영업자의 사업체 운영자금과 생활비 마련을 위한 추가 대출이 증가하면서 신용대출 의존도가 높아지고 있다. 자영업자의 부채는 규모도 크지만, 부채상환 능력 면에서 더욱 우려된다. 2021년 상용근로자와 자영업자의 저축액 대비 금융부채 비율은 각기 81.2%와 108.5%다. 상용근로자와 자영업자의 처분가능소득 대비 원리금 상환액 비율도 지속해서 큰 차이를 보인다. 향후

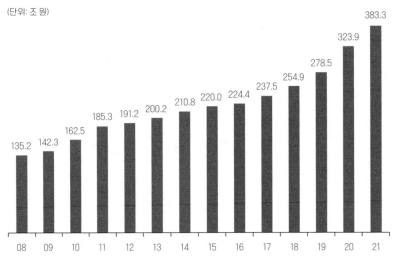

## 자영업자 부채 증가 추이

(단위: 조 원)

| 08 | 09 | 10 | 11 | 12 | 13 | 14 | 15 | 16 | 17 | 18 | 19 | 20 | 21 |
|---|---|---|---|---|---|---|---|---|---|---|---|---|---|
| 135.2 | 142.3 | 162.5 | 185.3 | 191.2 | 200.2 | 210.8 | 220.0 | 224.4 | 237.5 | 254.9 | 278.5 | 323.9 | 383.3 |

자영업자 부채 = 한국은행 자금순환 '가계 및 비영리단체의 부채' - 가계신용.
출처 : 한국은행 경제통계시스템 데이터 사용하여 저자 추정

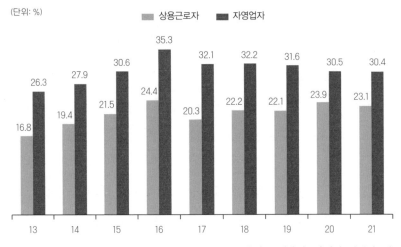

## 상용근로자 및 자영업자의 처분가능소득 대비 원리금 상환액 비중

(단위: %)

■ 상용근로자　■ 자영업자

| | 13 | 14 | 15 | 16 | 17 | 18 | 19 | 20 | 21 |
|---|---|---|---|---|---|---|---|---|---|
| 상용근로자 | 16.8 | 19.4 | 21.5 | 24.4 | 20.3 | 22.2 | 22.1 | 23.9 | 23.1 |
| 자영업자 | 26.3 | 27.9 | 30.6 | 35.3 | 32.1 | 32.2 | 31.6 | 30.5 | 30.4 |

출처 : 통계청 연도별 가계금융복지조사

자영업자 가구가 급격한 금리 인상, 경기침체 등으로부터 충격을 받지 않도록 이들에 대한 사전적인 부채 연착륙 대책이 절실하다.

## 개인 금융자산 5,000조 시대의 아이러니

국내 개인 금융자산은 1990년대 이후 빠르게 성장하면서 2002년 1,000조 원을 상회한 이후 2022년 5,000조 원 시대를 맞이하고 있다. 한국은행 자금순환에 따르면 2021년 말 개인 금융자산 잔액은 약 4,925조 원, 1인당 잔액은 약 9,530만 원에 이르고 있다. 여기서 개인은 농·어가를 포함한 가계, 민간 비영리단체, 연간 수입액 3억 원 이하의 소규모 개인기업을 포함한다. 개인 금융자산 규모가 빠르게 증가한 것은 소득수준의 상승, 물가 안정, 저금리와 금융기관 가계대출 확대, 규제완화에 따른 금융 저축 수단의 다양화 등으로 저축 여력이 확대되었기 때문이다.

그런데 해외 주요국과 비교하면 국내에서는 개인 금융자산 중에서도 현금과 예금 등 안전 금융자산에 대한 선호도가 매우 높다. 각국 금융자산 내 자산 비중 구성을 2020년 기준으로 비교해보면 한국의 경우 현금·예금 43.4%, 보험·연금 30.8%, 금융투자상품 25.2% 등으로 구성되어 있다. 반면 미국의 경우 금융자산 중 현금·예금 비중이 13.4%로 낮고 금융투자상품이 54.1%로 전체 금융자산의 절반 이상을 차지하고 있다. 일본은 금융자산 중 현금·예금 비중이 54.7%로 가장 높고 금융투자상품 비중은 꾸준히 감소하여

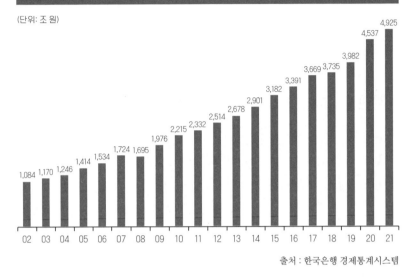

(단위: 조 원)

4,925
4,537
3,982
3,735
3,669
3,391
3,182
2,901
2,678
2,514
2,332
2,215
1,976
1,724 1,695
1,534
1,414
1,246
1,170
1,084

02  03  04  05  06  07  08  09  10  11  12  13  14  15  16  17  18  19  20  21

출처 : 한국은행 경제통계시스템

13.5%의 비중을 차지하고 있다. 영국은 보험·연금 비중이 55.9%로 가장 높고 현금·예금은 25.5%, 금융투자상품은 15.2% 비중을 차지하고 있다. 호주는 보험·연금 비중이 57.8%로 가장 높고 현금·예금은 22.1%, 금융투자상품은 18.4%의 비중을 차지하고 있다. 일반적으로 미국, 영국, 호주 등은 연금 등을 통해 간접적으로 금융투자상품에 투자하는 경향도 강하므로 가계의 실제 금융투자상품 보유 비중은 조사 결과보다 더 높다고 할 수 있다.

우리나라와 일본이 안전한 금융자산에 대한 선호도가 매우 높은 것은 금융 선진국인 미국, 영국, 호주 등과는 상당히 대조적이다. 원금 손실 위험이 없는 '현금·예금', '보험·연금' 등 안전 금융자산에 대한 비중이 74.2%이다. 물가와 세금을 고려한 실질 실효금리 제로

| | | 한국 | 미국 | 일본 | 영국 | 호주 |
|---|---|---|---|---|---|---|
| | **주요국 금융자산 비중 구성 비교(2020)** (단위 : %) | | | | | |
| 현금·예금 | | 43.4 | 13.4 | 54.7 | 25.5 | 22.1 |
| 금융투자상품 | | 25.2 | 54.1 | 13.5 | 15.2 | 18.4 |
| | (주식) | 19.4 | 36.2 | 8.6 | 9.4 | 17.4 |
| | (채권) | 3.4 | 4.8 | 1.4 | 0.2 | 0.1 |
| | (펀드) | 2.4 | 13.1 | 3.4 | 5.6 | 0.8 |
| 보험·연금 | | 30.8 | 29.9 | 28.8 | 55.9 | 57.8 |
| 기타 | | 0.7 | 2.6 | 3.0 | 3.4 | 1.7 |

출처 : 금융투자협회, 2021 주요국 가계 금융자산 비교

또는 마이너스의 초저금리 기조에서 이들 안전 금융자산의 수익률이 극히 낮아 노후에 대비한 자산축적에 어려움이 예상된다. 그리고 금융투자자산에서 펀드 등을 통한 간접투자상품의 비중은 2.4%로 호주보다는 높지만, 미국 13.1%, 일본 3.4%, 영국 5.6% 등에 비해서는 크게 낮다. 금융투자자산 가운데 직접투자 비중이 상대적으로 커서 자칫 노후생활의 안정성이 위협받을 수 있다.

한편 2020년 기준 GDP 대비 가계 금융자산 규모는 한국이 235.9%로 다섯 나라 중 가장 낮다. 500%를 넘어선 미국과는 큰 차이를 보인다.

경제학의 생애주기 소비이론에 근거하면 개인들은 경제활동기에 저축한 자산으로 은퇴 후의 노후생활을 영위한다. 소득이 소비보다 큰 개인의 경제활동기에는 저축으로 자산을 축적하고, 은퇴기에 가까워지면 유동화하기 편리한 금융자산 수요가 증가한다고

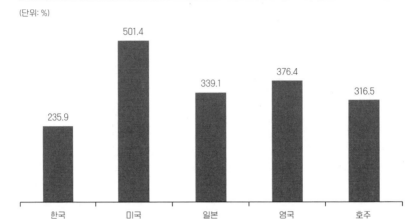

**주요국 가계 GDP 대비 금융자산 비중 비교**

501.4

376.4

339.1

316.5

235.9

한국   미국   일본   영국   호주

출처 : 한국금융투자협회, 2021 주요국 가계 금융자산 비교

한다. 구체적으로 통상 20~30대의 사회진입기에는 결혼과 주택 마련 등을 위해 저축을 시작하고, 30~40대 자산 축적기에 주택을 구입하면서 실물자산이 증가하고, 50~60대 은퇴 준비기에는 주택 관련 대출을 어느 정도 청산하고, 이후부터는 은퇴 후의 소비를 위해 유동성이 높고 안정적인 채권, 펀드, 연금 등 장기 안전 금융상품 비중을 늘린다. 특히 저금리 기조가 지속되면서 자산 형성과 운용이 중요하므로 일정 수익률이 보장되면서 안정성이 높고 정기적인 현금 창출이 가능한, 즉 노후생활에 적합한 금융상품에 대한 수요가 증가한다. 그리고 개인이 자산을 건전하게 운용·관리하기보다는 전문가에 의한 간접 운용을 선호하게 된다.

그러나 현재 우리나라의 금융자산 구조는 고령화 사회에 적합하지 않다. 각 경제주체가 개인 금융자산 관리를 통해 고령화에 대비

할 필요가 있다. 지나친 실물자산 비중을 낮추고, 예금 위주의 금융자산에서 탈피하여 사적연금, 펀드 등의 상품을 적절히 배합한 포트폴리오를 구성할 필요가 있다. 이를 위하여 정부는 장기 간접투자상품의 수요를 촉진할 수 있도록 장기 보유 펀드에 대한 세제지원을 강화하고, 금융기관도 고령화에 따른 개인 금융자산 시장의 변화에 대비하여 신상품을 개발해야 한다. 노령자들의 노후생활을 지원하기 위한 개인연금, 펀드 등의 고령화 금융상품을 개발하되, 이들 상품의 수익성을 높일 필요가 있다.

# 5장

# 가계부채 문제의 현주소

우리나라 가계부채 규모는 OECD 국가 중 최상위권에 속한다. 가계부채위험지수는 지속해서 상승하다가 코로나19 팬데믹 이후 저금리와 자산가격 급등으로 하락했지만, 금리가 상승하고 자산가격이 하락하면 다시 상승할 수 있다.

## 세계 최고 수준의 가계부채

우리나라에서 가계부채 현황은 한국은행이 발표하는 가계신용통계로 파악한다. 가계신용이란 일반 가정이 금융기관에서 빌린 돈과 외상으로 물품 등을 구입한 금액을 합한 것을 말하며 구체적으로 가계대출, 판매신용, 서비스신용 등으로 구분된다. 먼저 가계대출에는 은행, 보험사 등의 금융기관 대출, 마이너스통장, 신용카드 등이 있다. 판매신용은 물건 대금을 몇 회로 나누어 갚기로 하고 물건을 구입하는 것이다. 외상거래, 카드사용, 할부 등이 여기에 속한다. 그리고 서비스신용에는 소비자들이 서비스를 미리 공급받아 사용한 다음 나중에 그 사용료를 지급하는 것이다. 일반적으로 전화, 전기, 상수도, 도시가스 등의 사용료를 말하며, 오늘날에는 개인 휴대통신요금이나 인터넷 사용요금 등도 포함한다.

우리나라 가계신용은 외환위기 이후 저금리 기조가 정착한 가운데 주택 취급 금융기관의 공급 확대와 가계의 수요 증가가 동시에 진행되면서 빠르게 증가했다. 수많은 사람이 '부동산 불패 신화'를 믿고 빚을 어떻게 갚을지 확실한 계획을 세우지 않은 채 금융기관의 저금리 대출에 힘입어 주택 구입 과정에서 대출을 크게 늘렸다. 2008년 금융위기 이후 신용 축소가 진행되는 다른 국가들과 달리 국내 가계신용은 계속 상승해 2002년 464.7조 원에서 2021년 말 기준 1,800조 원을 훌쩍 넘어섰다. 2002년부터 2021년까지 가계 처분가능소득은 약 2.5배 상승했는데, 가계신용은 이보다 훨씬 높은 약 4.0배 상승했다. 한편 한국은행 가계신용은 자영업자에 대한 대출을 포함하지 않는다. 일반적으로 OECD 기준 가계부채는 자영업자 부채를 포함한다. 자영업자의 부채까지 포함한 자금순환 개인 부분 부채도 꾸준히 증가했으며 코로나19로 어려워진 사업자들의 부채 급증으로 2021년 말 2,245.4조 원을 기록하고 있다.

이처럼 가계부채가 빠르게 증가하면서 국민 개인의 부담이 매우 커지고 있다. 한국은행 통계에 따르면 2021년 말 기준 1인당 빚은 3,493.0만 원, 가계당 빚은 8,766.3만 원으로 추정되고 처분가능

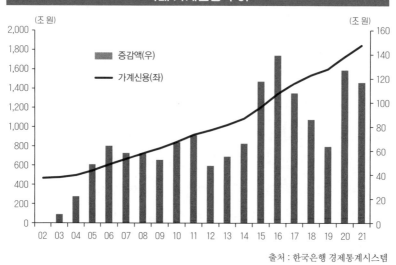

**국내 가계신용 추이**

(조 원)

2,000
1,800
1,600
1,400
1,200
1,000
800
600
400
200
0

■ 증감액(우)
── 가계신용(좌)

(조 원)

160
140
120
100
80
60
40
20
0

02 03 04 05 06 07 08 09 10 11 12 13 14 15 16 17 18 19 20 21

출처 : 한국은행 경제통계시스템

소득 대비 가계신용 비율이 세계적으로 매우 높은 약 165% 수준에 이른다. 국제적 표준인 자금순환 가계부채를 기준으로 하면 이보다 훨씬 높은 190% 수준이다. 이는 평균적으로 가계가 소비할 수 있는 소득을 약 1년 10개월 이상 소비하지 않아야 빚을 다 갚을 수 있음을 의미한다. 한국은행 통계를 기준으로 한 부채 부담 수준은 설문조사 방식을 통한 통계청의 '가계금융복지조사'보다 훨씬 높은 수치다. '가계금융복지조사'는 가계별 상황을 파악하는 데는 유용하지만, 전체 부채와 관련된 수치는 한국은행이 정확하다.

가계부채의 증가로 가계 처분가능소득 대비 가계부채 비율도 주요국 중 최고 수준에 근접하고 있다. OECD 국가 중 우리나라보다 처분가능소득 대비 가계부채 비율이 높은 국가는 소득이나 복지가 월등히 좋은 북유럽 국가들, 네덜란드, 호주, 스위스 정도다. 2020년

| 국민 1인당·가구당 가계부채(2021년 말 기준) | | | | | |
|---|---|---|---|---|---|
| 인구수(추정치) (만 명) | 가구수(추정치) (만 호) | 가계신용(만 원) | | 자금순환 가계부채(만 원) | |
| | | 인구당 | 가구당 | 인구당 | 가구당 |
| 5,170.0 | 2,060.0 | 3,493.0 | 8,766.3 | 3,968.6 | 9,960.1 |

인구수 및 가구수는 추정치임. 출처 : 한국은행 경제통계시스템, 통계청 국가통계포털

기준 국내 처분가능소득 대비 가계부채 비율은 가계신용 기준으로 약 163%, 자금순환 개인부채 기준으로 약 177%다. 국제적 기준인 자금순환 개인부채 기준으로 보면, 2020년 OECD 자료에서 처분가능소득 대비 가계부채 규모는 미국은 90%대, 일본은 100%대, 영국은 130%대 정도다. 그만큼 우리나라의 가계부채 규모가 경제 규모에 비해 크다는 뜻이다.

## 비중이 높아진 비은행 가계대출의 위험성

가계대출 대부분이 예금을 취급하는 금융기관인 예금은행과 비은행 예금취급기관에서 이루어진다. 비은행 예금취급기관에는 저축은행, 신용협동조합, 새마을금고, 농·수협 단위조합 등이 있다.

예금은행의 가계대출이 늘어난 시기는 외환위기 이후 안정기로 접어들면서부터다. 외환위기 이후 우리 정부는 경기회복과 금융시장 안정을 위해 통화를 늘리는 금융완화정책을 지속했다. 저금리 정책도 계속되면서 국채나 우량회사채 금리뿐만 아니라 금융기관

의 예금 금리나 대출금리도 모두 낮춰버렸다. 이러한 환경에서 당시 부동산 구입 자금이 필요한 개인들과 자금을 공급하는 은행 간 이해관계가 맞아떨어졌다.

당시 가계대출이 늘어난 데는 은행의 역할이 컸다. 외환위기 이후 은행에 외국계 자본의 영향력이 높아져 수익성에 주력하게 되면서 수익을 내기 쉬운 구조로 변하기 시작했다. 은행들은 외환위기 당시 기업대출 분야에서 뼈아픈 경험을 했다. 그래서 기업대출보다 수익성이 높은 부유층을 위한 PB(private banking)와 안전한 주택담보대출 등에 치중하게 되었다. 은행들은 대출모집인을 고용해 주택담보대출을 늘리는 데 열을 올렸다. 당시 주택금융공사 보도자료에 따르면 2005년 5월 말 기준 금융권의 대출모집인은 3,384명으로, 이들을 통한 대출은 대출잔액의 약 10% 수준을 차지하고 있는 것으로 나타났다.

금융기관 대부분은 부동산 중개업소와 연계 마케팅을 하는데, 금융권의 대출모집 위탁 부동산 중개업소는 6만 1,355개에 달했다. 은행권의 대출유치 경쟁이 격화되면서 대출모집인의 부당행위가 증가했다. 대표적인 것이 대출모집인이 은행·보험과 저축은행·신협 등 1·2금융권과 이중으로 계약을 맺고 과다대출을 알선해 주는 사례다. 대출모집인이 은행에서 대출이 불가능한 담보인정비율한도(LTV) 초과분에 대해 저축은행 등의 제2금융권과 연계해 편법으로 초과대출을 알선하는 부당행위다.

글로벌 금융위기 이후에는 위험자산에 대한 두려움이 팽배해져 초저금리에도 불구하고 사람들은 은행만 찾았다. 그것도 단기자금을 묶어두고 때를 기다렸다가 언제든지 투자할 곳이 생기면 투자하기 위해 6개월이나 1년 이하의 정기예금이나, MMDA(money market deposit account, 시장금리부 수시입출식예금) 등 단기 금융상품에 집중했다. MMDA는 은행의 대표적 단기금융상품으로서, 가입 시 적용되는 금리가 시장금리의 변동에 따라 결정되기 때문에 붙여진 이름이다. 보통예금처럼 입출금이 자유롭고 각종 이체와 결제가 가능한 것이 장점이다. 지난 20년간 금융시장의 불안이 지속되면서 고객 자금이 단기화되면서 2001년 말 150.6조 원에서 2021년 말 796.8조 원으로 급증했다.

2~3%대의 금리에 15.4% 이상의 이자소득세를 빼고, 여기에다 물가상승률을 고려하면 실질금리는 거의 제로나 마이너스인데도, 언제든지 쉽게 이동할 수 있는 자금인 은행의 단기부동자금이 빠르게 증가했다. 이 상태에서 부동산 시장이 본격적으로 꿈틀거리자 자금이 부동산으로 이동하기 시작했던 것이다.

은행 대출 금리도 2~3%대로 내려오자, 개인들도 은행 돈을 마치 공짜 돈처럼 생각하게 되었다. 저금리 정책을 기회 삼아 집 장만을 하겠다는 개인들이 주택담보대출에 발 벗고 나섰다. 집이 있는 사람도 주택가격이 오르자 담보 여력이 덩달아 증가하게 되었다. 그러자 늘어난 담보 여력으로 대출을 받아 소비하거나 자녀 교육비로 지출하거나 사업자금으로 충당하기도 했다.

한편, 은행의 리스크 관리와 정부의 LTV(loan to value ratio, 주택담보대출비율), DTI(debt to income, 총부채상환비율) 등의 도입 영향으로 예금은행의 가계대출 비중은 2017년 말 67.8%까지 하락했다. 반면 저축은행, 신용협동조합, 새마을금고, 농·수협 단위조합 등 비은행 예금취급기관의 가계대출 비중은 은행에서 소외된 가계들이 이른바 '풍선효과'로 몰리면서 그 비중이 꾸준히 증가하면서 2017년 말 32.2%로까지 증가했다. 그러나 2017년 이후 예금은행의 가계대출 비중은 다시 상승하고, 비은행 예금취급기관들은 하락세를 보이고 있다. 소극적이던 은행권이 부동산 경기 상승과 더불어 가계대출을 크게 늘린 반면, 비은행 예금취급기관들은 기관 규모에 비해 과다한 대출 취급에 대한 금융당국의 규제 등에 의해 자의 반 타의 반 대출을 줄였기 때문이다.

하지만 지난 20여 년간의 전반적인 추이를 보면 은행의 가계대출 비중은 줄어들고, 비은행 예금취급기관의 비중은 상승하고 있다. 우리나라의 비은행 예금취급기관은 크게 서민금융기관과 우체국예금으로 분류되나, 우체국예금은 국영 금융으로 농·어촌 주민 및 도시의 소액 가계저축 예수를 주 업무로 하고 있으며 대출업무는 하지 않는다. 따라서 이 책의 논의 대상은 서민금융기관이다. 국내 서민금융기관은 상호저축은행, 신용협동기구로 나뉜다. 신용협동기구에는 신용협동조합(credit union), 새마을금고, 상호금융(농협 단위조합, 수협 단위조합 등)이 있다.

이들 비은행 예금취급기관의 비중은 2002년 19.8%에서 2021년 말 현재는 27.9% 수준이다. 이들 기관 가계대출은 상대적으로 신용이 낮은 가구에 집중되어 있다. 비은행 가계대출 비중이 클수록 부채 위험이 커진다고 볼 수 있다. 상대적으로 위험관리시스템이 미비한 비은행 금융기관의 위험이 커져 제2금융권의 건전성이 악화

## 우리나라의 서민금융기관

| | |
|---|---|
| **상호 저축은행** | 지역의 서민 및 소규모 기업에 금융 편의를 제공할 목적으로 설립. |
| | 1972년 8·3 긴급경제조치에 따른 이른바 사금융 양성화 조치의 일환으로 상호신용금고법이 제정되면서 등장한 상호신용금고가 2002년 3월부터 상호저축은행으로 명칭 변경.<br>상호저축은행의 주요 업무는 신용부금, 예금 및 적금의 수입, 대출, 어음할인 등의 내국환 업무로 은행과 거의 유사함. |
| **신용 협동기구** | 조합원에 대한 저축 편의 제공과 여·수신을 통한 조합원 상호 간 공동이익 추구를 목적으로 설립. |
| | 조합원들의 예탁금, 적금 등의 자금으로 회원들에게 대출해주는 신용사업 등 우리나라의 신용협동기구<br>• 신용협동조합(credit union)<br>• 새마을금고<br>• 상호금융(농협 단위조합, 수협 단위조합 등) |

## 비은행 예금취급기관 가계대출 추이

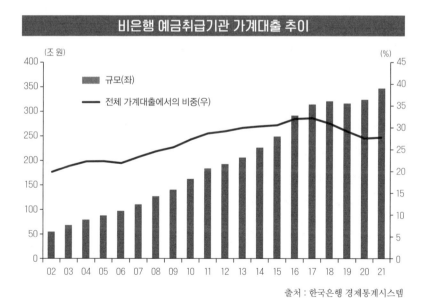

출처 : 한국은행 경제통계시스템

되면 이 문제가 가계대출 비중이 가장 높은 은행권으로까지 확산되어, 그동안 경쟁적으로 대출한 금융기관들이 동시에 어려움에 빠지면서 신용공급을 더욱 위축시킬 가능성이 있다.

## 재무상태표와 손익계산서로 분석한 가계부채 문제

가계부채 문제는 가계부채 규모 그 자체보다 가계의 재무구조 변화로 야기될 수 있는 위험의 측면에서 살펴보는 것이 더 정확하다. 일정 시점을 기준으로 재무상태를 보여주는 재무상태표(statement of financial position)와 일정 기간의 비용과 수익을 비교함으로써 경영 성과를 보여주는 손익계산서(profit and loss statement)로 기업의 재무구조와 현황을 파악하듯, 같은 방법으로 가계의 재무구조를 평가할 수 있다.

먼저 재무상태표 측면에서 보면 2002년 이후 국내 부동산가격 급등과 더불어 주로 금융부채에 기반한 비유동성 실물자산의 가치 증가로 가계의 외형 총자산이 예전보다 커졌다. 2021년만 보면 부동산 가치의 급등에 따라 자산 대비 부채 비율이 크게 줄어들긴 했지만 지난 20년간을 전체적으로 살펴보면 가계의 자산보다 부채가 더욱 빠르게 늘어났다. 국내 가계의 자산은 주택가격 변화에 크게 의존하고 있어 실물자산 가치가 급락할 경우 가계 순자산이 매우 축소될 가능성이 크다.

그뿐만 아니라 유동성 위험도 커졌다. 주택담보대출 등 금융부채에 크게 의존한 가계의 자산을 대부분 부동산 등 실물자산의 형태로 지니고 있어 부동산시장 침체 시 '팔려고 매물을 내놓아도 팔리지 않으면' 자산의 현금화가 어려워 발생될 수 있는 유동성 문제도 동시에 지니고 있다.

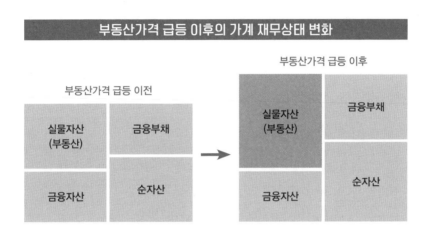

부동산가격 급등 이후의 가계 재무상태 변화

다음으로 손익계산서 측면에서 가계 재무상황이 추세적으로 악화되고 있다. 가계 처분가능소득 대비 이자 지급 추세는 글로벌 금융위기 이후의 저금리 기조로 일시적이나마 하향세를 나타냈으나, 특히 팬데믹 기간을 거치면서 가계부채 규모가 급증하면서 초저금리에도 불구하고 원리금 상환금액이 커지고 있다. 또한 우리나라의 경우 변동금리 위주이며, 여전히 일시 상환 비율이 높고, 거치기간을 두어 원금상환 일정이 각기 달라 원리금 상환 부담이 불규칙한 것이 특징이다. 그동안 초저금리 기조로 아직까지는 가계부채 증가만큼 원리금 상환액이 급격하게 증가하지는 않은 상황이다.

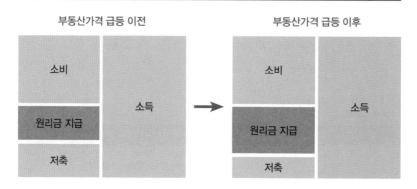

부동산가격 급등 이후의 가계 손익계산서 변화

부동산가격 급등 이전

소비

원리금 지급

저축

소득

부동산가격 급등 이후

소비

원리금 지급

저축

소득

앞으로 실제 경제상황이 나빠지게 되면, 가계 재무 건전성이 급격히 악화될 수 있다. 원리금 상환 부담이 증가하고, 자산 대비 부채 비율과 가계 처분가능소득 대비 부채 비율 등이 빠르게 상승할 것이다. 여기에다 원금상환이 본격화되면, 이자 부담 증가와 더불어 원리금상환부담비율(DSR)이 가파르게 상승할 수 있다. 가계 순자산이 축소되고 소비도 위축될 수 있다. 특히 부동산가격이 하락한다면, 대출을 갱신할 때 LTV(주택담보대출비율) 및 DTI(총부채상환비율) 등의 기준을 맞추기 위해 금융기관으로부터 부족한 담보 보강, 차액 상환 등의 요구가 거세질 수 있다. 일부는 저축을 축소하고, 매각 가능한 자산을 처분하면서 원리금 지급 부담을 감당하려할 것이다. 금리상승, 부동산시장 침체 후의 가계 손익계산서 변화는 다음 그림과 같이 표시될 수 있다.

우리나라는 LTV 규제 등으로 거시지표가 악화되어도 순자산이 마이너스가 되는 경우는 드물었다. 하지만 그동안 전세가와 매매가

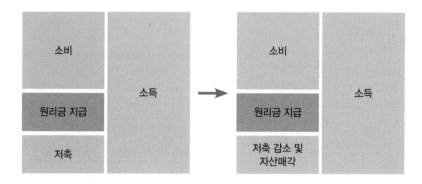

**부동산 침체, 금리 상승 등 거시지표 악화에 따른 가계 손익계산서 변화**

소비

원리금 지급

저축

소득

→

소비

원리금 지급

저축 감소 및
자산매각

소득

차이가 적은 주택을 전세를 끼고 사는 갭투자가 크게 늘었다. 상당수 '영끌' 가계가 자신들도 전세대출을 받은 집에 거주하며 전세를 끼고 신용대출까지 받아 갭투자를 한 것으로 알려져 있다. 이런 방식으로 주택가격의 100% 이상을 대출로 충당하는 것이 재테크 비법으로 각광받기도 했다.

그런데 주택가격이 하락하면 갭투자자는 물론 전세금 일부를 돌려받지 못할 수 있는 세입자에게도 위험부담이 따른다. 금리 부담이 커지고, 전세가마저 떨어지면 이런 투자자는 신용불량 위기에 몰리고 자기자본이 마이너스가 될 경우 개인파산에까지 이를 수 있다. 우리는 금융위기 이후 전세가가 하락해서 집주인이 계약이 만료된 세입자에게 보증금을 전액 돌려주지 못하는 역전세난을 경험한 바 있다.

가계 재무상태 악화로 절실하고 시급한 고령화 사회 대비와 서민경제 회복이 점점 더 어려워지고 있다. 따라서 위기가 닥치기 전

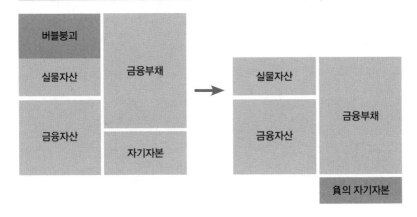

거시지표 악화로 순자산 마이너스 갭투자 가계의 재무상태 변화

버블붕괴
실물자산
금융부채
금융자산
자기자본

실물자산
금융자산
금융부채
負의 자기자본

에 가계의 재무구조와 수익성을 개선할 필요가 있다. 가계 재무구조 개선을 위해서 무엇보다도 주택시장의 연착륙을 유도하여 실물자산의 가치 급락을 막아야 한다. 가계 차원에서도 자신의 변제능력을 웃도는 부동산을 과감히 처분해서 충분한 유동성을 확보한 후 악성 부채 상환에 사용하고, 지나친 실물자산, 예금 위주의 금융자산에서 탈피해 주식, 보험, 연금 등의 자본시장 상품을 적절히 배합한 안정된 자산 포트폴리오를 구성해야 한다.

다음으로 가계의 수익성 개선을 위해 정책당국은 우선 급격한 금리 인상에 따른 이자 부담 급증을 차단할 필요가 있다. 국내 가계의 원리금 부담 축소를 위하여 가계의 주택담보대출 만기를 미국 상업은행의 모기지론처럼 20~30년 이상으로 장기화하도록 유도해야 한다. 그리고 고부가가치 서비스 부문을 집중적으로 육성해 신규 일자리를 창출하고 생산성을 제고해 가계 처분가능소득을 증대해야 한다.

# 코로나19 이후 가계부채위험지수 급락

가계부채 수준은 주로 가계부채 감내 능력을 보여주는 '처분가능소득 대비 가계부채 비율'과 같은 양적인 수치로 판단한다. 하지만 시장 변화에 따른 변수도 고려한 종합적인 위험 평가 관점에서 바라보는 것이 적절하다. 이를 위해서는 시스템적 차원에서 가계부채 리스크를 지수화해 파악할 필요가 있다. 먼저 가계부채 위험을, 현재 여건에서 가계부채 감내 능력을 나타내는 미시적 가계재무위험과 향후 가계부채 증감과 연결되는 가능성과 관련되는 거시경제위험으로 구분하여 이에 적합한 각 4개의 변수를 선정했다. 가능한 정부 정책 등에 의해 왜곡된 데이터를 배제하면서 가용한 시계열 자료를 사용했다. 예컨대 실업률은 경기상황을 나타내는 중요한 변수다. 하지만 한국에서의 실업률은 카드사태나 금융위기 등의 상황에서 보았듯이 정부의 취업정책 등으로 위기 때마다 오히려 내려가는 것으로 나타나 경기상황을 나타내는 변수로는 부적합했다.

여기서는 가계재무위험 변수로 처분가능소득 대비 가계부채, 금융자산 대비 금융부채, 처분가능소득 대비 이자 지급 비중, 금융기관 신용카드 연체율을 사용했다. 은행은 우량고객만 상대하므로 신용대출 연체율은 경기를 반영하지 않아 어느 정도 경기상황을 반영하는 신용카드 연체율을 지표로 사용했다. 거시경제위험 평가를 위해서는 가계소득, 가계소비, 가계자산, 그리고 비은행 가계대출 비중을 변수로 선정했다.

외환위기 이후 금융시장이 어느 정도 안정된 2005년부터 2021년

| 가계부채위험의 변수 구성과 비중 | | | |
|---|---|---|---|
| 가계재무위험<br>(현재 여건에서 가계부채 감내 능력 위험) | | 거시경제위험<br>(향후 가계부채 증감 가능성 위험) | |
| 처분가능소득 대비 가계부채 (25%) | OECD 등 주요국과 비교할 때 가장 대표적으로 사용되는 소득 수준 대비 부채 수준을 나타내는 지표. 여기서는 한국은행의 '가계신용/개인 순처분가능소득' 사용. | 가계소득 (25%) | 다른 조건이 일정한 가운데 가계소득이 감소하면 향후 가계부채 증가로 이어진다. 여기서는 소득 증가와 직결되는 'GDP 증가율' 사용. |
| 금융자산 대비 금융부채 (25%) | 부채를 처분할 수 있는 유동성 면에서 중요한 지표. 여기서는 한국은행 자금순환의 개인 부문 '금융부채/금융자산' 사용. | 가계소비 (25%) | 가계소비가 증가하면 향후 가계부채 증가로 이어진다. 여기서는 한국은행 '민간소비 증가율' 사용. |
| 처분가능소득 대비 이자 지급 (25%) | 소득에서 이자 지급 비중을 나타내는 지표. 여기서는 한국은행 '개인이자상환비율(개인이자지급/개인순처분가능소득)' 사용. | 가계자산 (25%) | 가계자산이 감소하면 향후 부채 증가로 이어진다. 국내 가계의 대표 자산 가격인 '주택가격 상승률(한국은행 전도시 주택매매등락률)' 사용. |
| 연체율 (25%) | 연체율이 높을수록 부채 감내 능력이 떨어지는 것으로 평가. 여기서는 한국은행 '일반은행의 카드대출 연체율' 사용. | 비은행 비중 (25%) | 이 비중이 클수록 상대적으로 부채 부담이 급격히 증가할 수 있다. 여기서는 한국은행 '전체 금융기관 가계대출에서 비은행금융기관의 비중' 지표 사용. |

까지 선정된 변수를 대상으로 통계적으로 표준화하고 동일한 가중치로 평균하여 '가계재무위험지수'와 '거시경제위험지수'를 추정했다. 연간 데이터를 사용하여 절대비교와 판독의 용이성을 위해 각각의 부문별 지표를 평균 0, 표준편차 1로 표준화하고, 수치의 가독성 제고를 위해 100을 곱하고 중간 위험 수준을 100으로 만들기 위해 100을 더하였다. 따라서 이론적으로 수치가 100이면 추정 기

간 동안 가계부채에 따른 위험이 평균이고, 그 이상이면 평균 이상의 위험을 의미한다. 속성상 마이너스 수치도 가능하다.

추정된 '가계재무위험'은 2008년 금융위기, 2011년 이후의 유럽 재정위기 등 위기 상황에서 상승했고, 2014년 LTV, DTI 확대 등 금융완화정책을 실시한 초이노믹스로 급등했다. 이후 글로벌 경제가 안정되고, 정부의 가계부채 지표관리 등으로 안정세를 유지하다가 2017년 이후 부동산시장이 반등하기 시작하면서 계속해서 상승하는 모습을 보여주고 있다. 한편 '거시경제위험'은 금융위기 당시 경제성장률 하락, 이자 지급 부담 증가 등으로 급등했다가 2010년부터 경기회복, 주택가격 안정세, 저금리 정책 등 경제 여건 안정으로 하락했다. 하지만 이내 유럽 재정위기 이후 소비증가 둔화에도 경기침체, 주택가격 하락세, 비은행 대출 비중 증가 등으로 상승 기조를 유지하다가 2020년 코로나19 이후 초저금리, 주택가격 급등 등으로 급락했다.

가계부채위험은 '가계재무위험지수'와 '거시경제위험지수'를 균등하게 평균해 산출했다. 가계부채위험지수는 2003년 카드 사태 이후 안정되었다가 2006년부터 금융위기 때까지 지속해서 증가했다. 2011년 유럽 재정위기 때에는 빠르게 상승했다가 이내 안정세를 보였다. 2015년 이후 초이노믹스의 여파로 가계부채가 급증하고 시장금리가 오르면서 가계부채위험지수가 상승하다가 2020년 코로나19 사태가 불거지면서 금리 급락, 자산 가격 급등 등에 힘입어 급락했다. 이는 반대로 향후 금리가 상승하고 자산 가격이 하락한다면 가계부채위험이 급등할 수 있음을 시사한다.

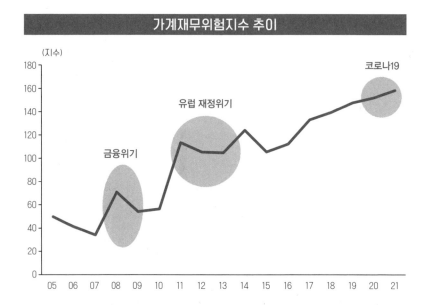

가계재무위험지수 추이

(지수)

코로나19

유럽 재정위기

금융위기

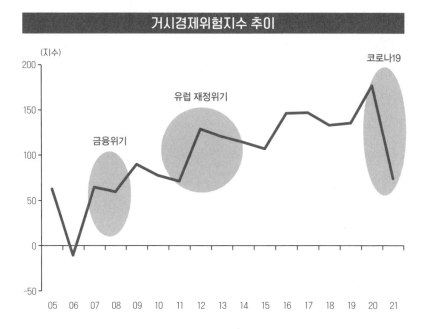

거시경제위험지수 추이

(지수)

코로나19

유럽 재정위기

금융위기

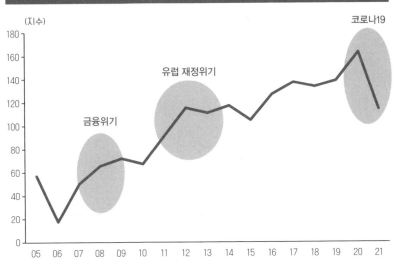

(지수)

180

160

140

유럽 재정위기

120

100

금융위기

80

60

40

20

0

05 06 07 08 09 10 11 12 13 14 15 16 17 18 19 20 21

코로나19

## 제2의 하우스푸어 사태가 온다면?

최근 국내 주택시장에 불확실성이 커지고 있다. 매매 거래가 부진해지고, 주택 구입 동기가 빠르게 축소되고 있다. 비록 통화당국이 국내외 경제 불안이 완전히 가시지 않은 상태에서 이른 시일 내에 출구전략 차원에서 기준금리를 큰 폭으로 올리지는 않을 것으로 보이지만 물가 급등에 대한 부담감으로 저금리 기조에서 벗어나는 추세다. 향후 금융시장이 정상화되면 될수록 이자 부담 증가와 더불어 그동안 유보된 거치기간 이후의 원금상환이 본격화되어 차입가계의 원리금 상환 부담률이 가파르게 상승할 수 있다.

만일 앞으로 2~3년 내 2021년 말과 비교하여 이자 부담이 처분가능소득 대비 2% 상승하고, 은행 신용카드 연체율이 1% 상승하며, 경제성장률이 2%로 낮아지고, 주택가격이 5% 하락한다면 앞서 분석한 가계부채위험지수가 급등해 코로나19 이전보다 더 높아진다. 그만큼 가계부채 부담이 더욱 높아질 것이다.

현재 우리나라 가계부채 문제는 두 가지 면에서 심각하다.

첫째, 가계부채 증가가 대부분 실물자산에 기반을 두고 있어 가계의 부채 상환능력이 크게 저하되었다. 2000년 이후 가계부채 증가는 대부분 주택담보대출의 증가에 기인한다. 그러나 부동산은 가격이 급락할 때 오히려 팔기 어려운 특성이 있다. 따라서 부동산가격이 급락할 경우, 실물자산이 매각되지 않아 가계부채 상환이 어렵다.

둘째, 우리 가계의 빚은 질적으로 취약하다. 우리나라 주택담보대출의 만기는 그리 길지 않고, 주택가격이 오를 것을 기대해 소득에 기반한 상환계획을 세우지 않고 빚을 낸 경우가 많다. 최근 주택담보대출의 만기가 장기화하고 있기는 하지만 30년이 일반적인 해외에 비해서는 현저하게 짧다. 다만 상환 방식 면에서는 원리금 균등 분할상환 비중이 50% 이상으로 높아졌다.

금융위기가 지난 몇 년 후 우리는 하우스푸어 사태를 겪었다. 하우스푸어란 무리한 대출로 집을 마련하였으나, 원리금 상환으로 처분가능소득이 줄어 빈곤하게 사는 가구라 정의할 수 있다. 2013년 현대경제연구원은 통계청의 '2010 가계금융조사' 데이터를 이용하여 하우스푸어의 규모를 엄밀하게 산출하고, 자산구조 및 상환능력 등을 분석한 바 있다. 추계 결과, 2010년 기준 주택 한 채만을 보유하고 있고, 거주 주택 마련을 위한 대출이 있으며, 원리금 상환으

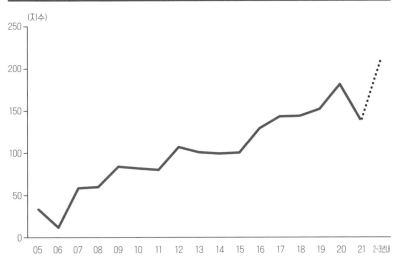

## 가계부채위험지수 시나리오

(지수)

사선은 2~3년 내 이자 부담 처분가능소득 대비 2% 상승,
은행 신용카드 연체율 1% 상승, 경제성장률 2%, 주택가격 5% 하락할 경우

로 생계에 부담을 느끼고 있고, 실제로 가계지출을 줄이고 있으며, 처분가능소득 대비 원리금 비중이 최소 10% 이상인, 다섯 가지 조건에 속하는 하우스푸어는 108.4만 가구, 374.4만 명에 이른 것으로 나타났다.

당시 하우스푸어는 주로 수도권에 거주하며 아파트를 소유한 30~40대의 중산층 위주로 구성되어 있었다. 대출을 받아 주택을 보유한 가구를 소득수준별로 살펴보면, 중산층인 소득 3분위와 4분위의 하우스푸어 비중은 각각 13.9%, 12.0%로 높은 편이고, 저소득층인 1분위는 4.6%에 불과했다. 연령별로 보면, 30~40대가 각각 20.1% 및 21.5%로 매우 높은 반면, 60대 이상은 4.3%로 비중이 낮왔다. 지역별로는, 수도권이 17.2%로 비수도권의 5.0%보다 월등히 높고, 주택 종류별로 보면 아파트는 14.2%, 기타 주택(단독주택, 연립, 다가구주택, 다세대주택 등)은 5.9%로 큰 차이를 보였다.

당시 하우스푸어는 자산 대부분을 거주 주택에 투자했으며, 부채가 증가하고 있었고, 처분가능소득 대비 원리금 비율이 평균 41.6%에 달해, 연체율이 상승하고 소비지출이 줄어들 가능성이 컸다. 이들 하우스푸어 중 원리금 상환이 불가능한 가구가 9.1만 가구(8.4%)였고, 기간을 연장해야만 상환할 수 있는 가구도 33.0만 가구(30.4%)에 달했다.

지금이나 그때나 중산층 가구의 주택담보대출 비중과 원리금 상환 부담이 매우 높다. 소득에 비해 지나치게 가격이 급상승한 주택을 구매한 후 원리금을 상환하느라 생활비를 줄인 가계가 많을 것으로 추정된다. 금리가 상승하고 주택가격이 하락한다면 감당하기 힘든 가구가 증가할 수밖에 없다. 10년 전의 하우스푸어 사태를 타산지석으로 삼아야 할 이유다.


## 가계부채위험을 어떻게 관리해야 할까?


가계부채 증가율을 인위적으로 억제하기보다는 이미 커져 버린 가계부채가 갑자기 파열되지 않도록 하는 것, 즉 가계부채 문제를 연착륙시키는 것이 관건이다. 급증한 가계부채는 마치 건강할 때는 괜찮지만 합병증에 걸리면 위험한 고혈압과 유사하다. 평소에는 괜

찮지만, 경제 여건이 악화될 경우 가계의 위험부담이 갑자기 급증할 수 있다. 따라서 가계부채 문제에 대해 거시적·규제적으로 접근하기보다는 가계 입장에서 미시적·시장적으로 접근하는 것이 필요하다. 즉, 가계부채 문제의 연착륙은 금융소비자들이 금융 생활을 계속하면서 가계가 많아진 부채를 감당할 수 있도록 하는 데 초점을 맞춰야 한다.

이를 위해 정부는 가계대출 구조를 고정금리 또는 장기(20~30년 이상)로 전환하도록 적극적으로 유도하는 한편 가계부채 비중이 높은 중산층의 실물자산 유동화 방안을 서둘러 마련해야 한다. 구체적으로 주택연금제도를 더 많은 사람이 이용하도록 하고, 한시적 규제 및 세제 완화 조치를 통해 다주택 소유자의 주택이 시장에서 활발하게 거래되도록 유도해야 한다. 출구전략 차원에서도 급격한 금리 인상을 자제할 필요가 있다. 건전성이 높은 은행이 중산층 가계에 대한 대출을 확대하고, 비은행 금융기관의 건전성과 심사 능력을 제고해 점점 커지고 있는 비은행 금융기관의 가계부채 문제를 연착륙시킬 수 있는 대책도 중요하다. 은행의 가계대출을 억제하기만 하면 건전 금융소비자가 제2금융권으로 내몰린다.

그리고 자산 형성의 어려움을 겪는 취약계층에 대한 대책도 중요하다. 앞에서 살펴본 것처럼 우리나라 취약 계층의 가계 재무상태 악화 현상은 대체로 부채증가보다 자산증가가 미흡하다는 점에 기인한다. 해외 사례를 벤치마킹하여 정부 보조 임대주택을 활성화해 저소득층이 저축할 수 있는 여력을 증대하고, 취약 서민들을 위한 세금감면과 이자 보조 저축을 확대하는 등 다양한 자산 형성 지원

제도를 마련하는 것이 바람직하다.

이와 동시에 부동산 버블이 경착륙할 경우 중산층 이하 계층의 재정 상태가 극도로 취약해질 수 있으므로 이에 대비하여 위축된 서민금융 시장기능을 복원할 필요가 있다. 이를 위해 먼저 저축은행 및 상호금융기관 등 제도권의 전통 서민금융기관이 시장원리를 바탕으로 본연의 역할을 충실히 할 수 있도록 유도해야 한다. 이들 금융기관들은 은행에 비해 업무영역 범위가 제한된 상황에서 빠른 의사결정과 유연성을 최대로 활용하여 서민 맞춤 대출 서비스, 지역 밀착 서비스 및 틈새시장 상품 개발 능력을 높여야 한다.

또한 단기 소액대부시장을 육성해야 한다. 서민 가계는 소비는 일정한데 소득이 불규칙한 특징이 있어 단기적인 소득과 소비의 불일치에 큰 고통을 받고 있다. 제도권 금융기관에 접근이 어려운 이들에게는 꼭 저금리가 아니더라도 금융에 대한 접근성을 높여줌으로써 이들의 출구전략을 안정적으로 뒷받침해야 한다. 그동안 등록 대부업이 저신용, 저소득 서민들에 대해 긴급 자금을 대출하는 역할을 했지만, 불법사금융이 자행하는 고금리와 불법추심의 이미지에서 완전히 벗어나지는 못했다. 우리 사회가 단기 소액대부시장의 역할에 대한 인식을 달리하고 적정 금리를 수용할 필요가 있다. 정책당국은 서민들이 불법사금융에 의존하지 않도록 단기 대부시장이 안정적으로 성장할 기반을 마련해야 한다.

## 6장

# 가계부채발 복합불황

인플레이션, 금리 상승 등, 대내외 경제 여건이 우호적이지 못한 가운데 과거 여러 국가에서 발생했던 가계부채발 복합불황의 가능성을 살펴보고 가계와 정부의 대책을 모색해보자.

## 주택시장 스태그플레이션과 단기부동자금

경기가 불황인데도 물가가 계속해서 올라가는 현상을 스태그플레이션이라고 한다. 스태그플레이션(stagflation)은 경기침체(stagnation)와 물가상승(inflation)의 합성어다. 이런 상황에서는 소비가 크게 줄어들 수밖에 없어 더 심각한 불황의 늪에 빠지게 된다. 역사적으로 대표적인 스태그플레이션은 1970년대 두 차례의 석유파동 때 발생했다. 특히 1970년대 말 2차 석유파동 때의 충격이 매우 컸었는데 당시 우리 경제는 통계가 작성된 이후 사상 처음으로 마이너스 성장을 기록했고, 1980년 소비자물가 상승은 30%에 육박했다.

이러한 스태그플레이션 현상은 개별 시장에서도 나타날 수 있다. 주택시장에서 거래는 없는데 원자재가격과 인건비가 많이 오르고 주택가격은 높게 유지되는 현상이 나타나고 있다. 코로나19 팬데믹으로 왜곡된 시장을 정상화하기 위해 금융긴축정책이 예상되면서 주택 수요가 전반적으로 침체되고 있다. 현재의 주택가격에 어느 정도 거품이 꼈다고 판단하는 시각이 우세해지면서 지속적인 금리 상승 등 경제적 여건 변화로 부동산가격이 크게 떨어질 수 있다는 우려가 커지고 있다. 지방의 주택시장에서부터 몇 년 전 부동산 경기 호황 때 착공되었던 주택들이 시장에 나오면서 초과공급 현상도 서서히 나타나고 있다. 서울의 경우 아파트보다는 다세대, 오피스텔 등의 공급과잉 현상이 먼저 나타날 수 있다.

주택매매 심리가 크게 떨어지고 거래 자체가 매우 줄고 있지만, 매매가가 그만큼 떨어지지 않는 것은 원자재 및 토지가격 등 건축비용 상승, 매도자의 암묵적 카르텔 등이 가격을 지지하고 있기 때문이다. 일부 특정 선호지역의 초과수요 현상에 따른 재건축아파트의 가격 상승도 거래가 줄어드는 상황에서 아파트매매가를 높이는 요인으로 작용하고 있다. 게다가 2022년 대통령선거와 지방선거 과정에서 지역개발 공약이 이해관계자들의 기대심리를 부추겼다.

따라서 당장 부동산가격이 크게 떨어질 가능성은 크지 않다. 무엇보다도 그동안 주택가격을 견인한 단기부동자금이 부동산시장

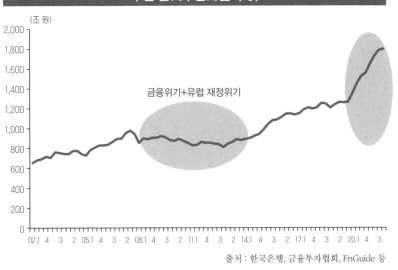

**추정 단기부동자금 추이**

(조 원)

금융위기+유럽 재정위기

출처 : 한국은행, 금융투자협회, FnGuide 등

에서 쉽사리 빠지기 어렵기 때문이다. 단기부동자금이란 경제주체들의 불안 심리로 장기 투자처가 아닌 단기 금융상품에 몰린 자금이다. 단기부동자금은 각 금융기관의 6개월 미만 단기 수신액의 합으로 추정 가능한데, 여기서는 단기부동자금을 은행권(요구불예금, 6개월 이하 정기예금, 수시입출식예금, CD, RP, 표지어음), 투신권(단기채권형 펀드, MMF), 종금사(발행어음, CMA 예탁금), 증권(고객예탁금, CMA, RP) 등으로 구분해 집계했다.

　지난 20년간 각종 위기를 거치면서 단기부동자금이 꾸준히 상승하다가 코로나19 이후 급증함을 확인할 수 있다. 단기부동자금은 2002년 658.7조 원에서 출발해 2008년 금융위기와 2011년 유럽 재정위기 당시를 제외하고는 안정적으로 증가세를 유지하다가 2014년

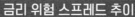

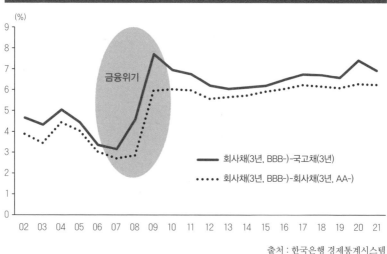

금리 위험 스프레드 추이

금융위기

회사채(3년, BBB-)-국고채(3년)

······ 회사채(3년, BBB-)-회사채(3년, AA-)

출처 : 한국은행 경제통계시스템

초이노믹스 이후 빠른 상승세를 지속하고 2020년 코로나19 이후 급증하면서 2021년 4분기 1,805.4조 원을 기록했다.

앞으로도 시중 자금이 선순환하지 못하면 단기부동자금은 더 커질 수 있다. 경기침체, 미래에 대한 불안 등으로 국내 실물경제와 금융시장 전반에 걸쳐 불확실성이 지속되고 있기 때문이다. 개인들이 주식과 부동산 등 자산시장에 투자할 기회를 노리며 단기적으로 자금을 운용하는 현실에서 그동안 높은 수익을 안겨 주었던 부동산 시장이 빠르게 위축되기는 쉽지 않다. 시장의 불확실성은 리스크가 다른 금리 간 스프레드를 보면 금세 확인할 수 있다. 통상 위험성이 높은 채권인 회사채(BBB-)와 국고채, 회사채 우량채권(AA-) 간의 금리 스프레드는 시장의 위험을 반영하고 있다고 본다. 금리 스프레드가 클수록 시장의 불확실성은 높다고 볼 수 있다. 지난 2008년 금융위기 이후 금리 스프레드는 전혀 떨어지고 있지 않다. 따라서 시장의 불확실성은 여전히 크며 국내 단기부동자금의 증가세가 앞으로도 지속될 것으로 예견된다.

국내 경제에서 단기부동자금 비중이 커질 경우 이들 자금이 아직 버블이 형성되지 않은 새로운 자산으로 손쉽게 이동해 또다시 버블을 형성하면서 우리 경제를 멍들게 할 수 있다. 실제로 지난 카드사태 이후 증가한 단기부동자금이 2004~6년 사이 경제가 안정되자 수도권 부동산버블을 일으킨 바 있다.

결론적으로 거래 없는 시장에서 가격은 높게 유지되는 현상이 지속될 가능성이 크다. 어쩌면 이미 주택시장은 스태그플레이션에 진입한 것인지도 모른다. 물론 주택시장의 스태그플레이션은 경제 전반에 걸쳐 일어나는 스태그플레이션과는 다르지만, 장기화할 경우 경제 전반으로 확산하기 쉽다. 만일 코로나19로 인한 경기침체가 회복되지 않은 상태에서 국제정세마저 불안정한 상태가 지속되어 금융완화 기조를 쉽게 거두기 힘들 경우 주택시장의 스태그플레이션 현상은 장기화할 수 있다.


## 실질금리 인상과 부채 디플레이션

스태그플레이션이 끝나면 즉, 경제가 어느 정도 정상화되어 금융완화 기조가 본격적으로 금융긴축 기조로 전환되면, 주택시장에 부채 디플레이션 현상이 예견된다. 2022년 초반까지 금리는 조금씩 인상되었으나 코로나19의 여파와 국제정세 악화로 물가가 급등해 실질금리는 마이너스였다. 미국 연방준비위원회(연준)이 기준금리를 대폭 인상하고 한국은행도 이에 따라 기준금리를 인상해 물가를 고려한 실질금리가 마이너스에서 벗어나 정상화되면 본격적인 부채 디플레이션 현상이 일어날 수 있다.

부채 디플레이션은 가격하락에 따른 채무부담 증가가 다시 가격하락을 초래하는 악순환 현상이다. 주택가격이 하락하는 시기에 주택을 구입하면 이후 실질 채무부담이 증가해 채무상환, 담보자산매각 등 가계의 부채축소(Deleveraging) 현상이 나타나면서 추가적인 주택가격 하락 요인으로 작용한다. 이러한 현상이 지속되면 건설경

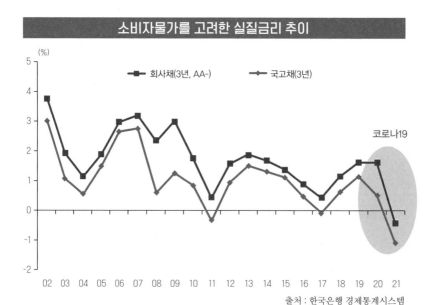

출처 : 한국은행 경제통계시스템

**주택시장 부채 디플레이션 메커니즘**

주택 가격 하락 → 주택 구입 채무부담 상승 → 주택 구입 약화 / 주택 관련 부채 상환 / 담보 주택 매도(시도) → 주택 수요 약화 / 주택 공급 증가 → 주택시장 초과공급 → (악순환)

기 침체가 장기화하고, 가계부채 문제가 불거지면서 국가 경제에 커다란 부담으로 작용하게 된다.

부채 디플레이션 이후 국내 주택가격이 어떻게 될 것인가에 관심이 크다. 국내 주택가격이 다시 상승하거나 최소한 특정 지역의 불패 신화는 유지될 것으로 보기도 한다. 급증한 시중의 유동성이 쉽게 빠지지 않으며 오히려 주택가격의 상승을 유도할 것이라는 생각이다. 주로 부동산 관련업계 시각인데, 수도권 지역의 주택 보급률이 여전히 선진국에 비해 낮고, 특히 서울 도심이나 강남, 여의도 등 특정 지역에 대한 오피스 수요 증가와 함께 주거 수요가 증대될 수 있다는 것이다.

어쩌면 화살은 이미 오래전 시위를 떠나 과녁을 향해 돌진하고

**부채 디플레이션 이후 주택가격 시나리오**

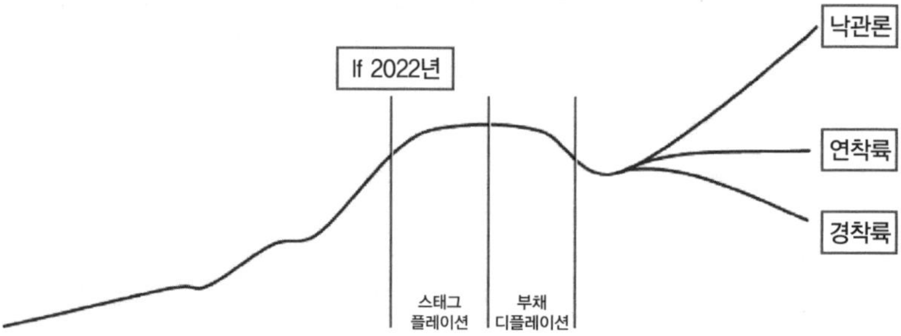

낙관론

연착륙

경착륙

If 2022년

스태그
플레이션

부채
디플레이션

있는지도 모른다. '부동산 불패'라는 과녁을 맞힐 것인지, 부동산시장 연착륙이라는 과녁을 맞힐지, 아니면 빠르게 급락한 후 지속해서 하락하는 경착륙이라는 과녁에 화살이 꽂힐 것인지 현재로서는 장담할 수 없다. 일본과 같은 장기 하락으로 이어질 가능성은 크지 않지만, 하락의 과정은 녹록지 않을 수 있다. 경착륙할 경우, 주택 위주의 자산구조를 가진 우리로서는 미래가 불안할 수밖에 없다.


## 가계부채발 복합불황

그동안 국내 가계부채 문제는 금리와 부동산가격 등이 리스크 요인으로 부각되었지만, 심각한 사태로 이어지지는 않았다. 오랫동안 원금상환이 유예되는 방식의 주택담보대출 비중이 높고 은행 건전성이 유지되었으며, 해외보다 상대적으로 빠른 경제회복이 이루어졌기 때문이다. 하지만 최근 주택시장 하락 징후가 보이기 시작했고, 금리 상승, 원금상환 도래 등 국내 가계부채 건전성에 부담을 주는 요인들이 점점 부상하고 있다.

글로벌 경제 전망이 불확실한 가운데 체감경기 악화 현상이 지속될 것으로 전망된다. 코로나19 팬데믹이 끝나면 경제가 호전되리라는 기대와 달리 2022년 초반에도 경제지표가 눈에 띄게 나아지지 않은 상태에서 한국은행 경제심리지수가 하락세로 반전했다. 물가상승률이 처분가능소득 증가율보다 높아 실질 가계소득이 줄어들었다. 새 정부의 가계대출 확대 정책과 대출금리 상승으로 원리금 상환 부담이 커질 가능성도 있다. 경기가 둔화되고 금융시장이 불안하지만, 가파른 물가 오름세로 기준금리 상승 압력이 높으며, 특히 신용대출과 비은행 예금기관 대출의 금리 상승세가 뚜렷하다. 예금취급기관 가계대출 중 약 75% 이상을 차지하는 주택 관련 대출은 변동금리형 단기대출이 주를 이루고 있어, 금리가 상승하면 가계 부담이 증가할 수밖에 없다.

우리나라 은행권은 외환위기 이후 신용이 양호하고 자산이나 소득이 충분한 개인과 가계 위주로 영업을 하면서 건전성이 매우 좋은 편이다. 은행권이 만일의 경우를 대비하여 저소득·저신용자들에게 문호를 점점 좁히면서 은행권에서 소외된 고객들이 상대적으로 규제가 약한 저축은행, 신용협동조합, 상호금융, 새마을금고, 대부회사 등으로 몰리고 있다. 가계 실질소득 증가세가 둔화되는 반면, 물가 및 전월세 상승세가 이어지면서 이들 금융기관을 통한 서민 대출수요는 당분간 지속될 가능성이 크다.

앞서 살펴본 비은행 금융기관 가계대출 증가 현상은 이러한 대출이 비교적 신용이 낮은 가구에 집중된다는 측면에서 위험성을 내포하고 있다. 상대적으로 높은 금리가 부과되어 서민층의 이자 부담을 가중시키고 있을 뿐만 아니라, 상대적으로 취약한 이들 금융기관의 건전성을 악화시킬 수 있다. 위험관리시스템이 미비한 비은행 금융기관의 건전성 악화는 다시 가계대출 비중이 가장 높은 은행권으로 확산되어, 그동안 경쟁적으로 대출한 금융기관들이 동시에 어려움에 빠지면서 신용공급을 더욱 위축시킬 가능성이 크다.

대내외적 경제 여건이 악화되어 가계가 높아진 가계부채를 감내하기 어려워지면, 차입 비중이 높은 가계와 제2금융권이 촉발하는, 실물과 금융이 동시에 불황 국면에 빠지는 '가계부채발 복합불황' 가능성을 배제할 수 없다.

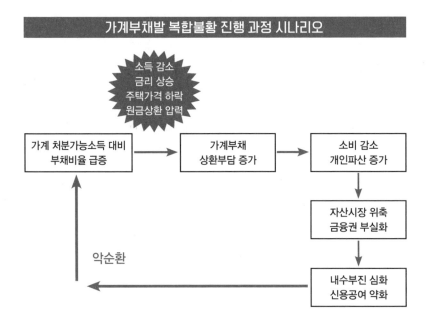

**가계부채발 복합불황 진행 과정 시나리오**

소득 감소
금리 상승
주택가격 하락
원금상환 압력

가계 처분가능소득 대비 부채비율 급증 → 가계부채 상환부담 증가 → 소비 감소 개인파산 증가

자산시장 위축 금융권 부실화

내수부진 심화 신용공여 약화

악순환

1990년대 가계부채 부실로 금융위기를 경험한 스웨덴의, 위기 직전 개인 처분가능소득 대비 가계부채 비율은 현재의 한국보다 훨씬 낮은 수준이었다. 2021년 국내 개인 처분가능소득 대비 가계부채 비율은 글로벌 금융위기 직전의 주요국들보다 훨씬 더 높은 수준이다.

해외 가계부채발 복합불황 사례들을 살펴보며 위기의 양상과 전개 방식을 살펴보자.

## 1990년 초반 북유럽 3국의 금융위기

1990년 초반 북유럽 3국, 노르웨이, 스웨덴, 핀란드의 부동산시장이 붕괴하면서 은행 위기로 이어졌다. 이들 3국은 1980년대 후반 부동산 관련 가계대출이 크게 확대되며 부동산가격이 급등했다. 당시 실물경기가 확장세를 보인 데다 금리자유화, 대출한도 폐지 등 금융 자율화가 적극적으로 추진되었고, 금융기관 해외 차입에 대한 제한을 완화함에 따라 외자 유입도 크게 확대되었다. 인플레이션이 빠르게 진행되어 실질이자율이 크게 떨어졌으며, 수익 확대를 위해 은행 간 가계대출 경쟁이 치열하게 전개되었다. 당시 3국의 금융기관 가계대출 비중이 빠르게 상승했다. 노르웨이는 1988년 15%에서 1992년 20%로, 스웨덴은 1991년 7%에서 1993년 11%로, 핀란드는 1988년 21%에서 1993년 26%로 짧은 기간에 급증했다. 이런 과정에서 1980년대 북구 3국의 부동산가격이 약 4배 이상 상승하는 거품 경제가 형성되었다. 그중에서도 스웨덴은 약 9배 상승했다.

그러나 1990년대 초반 대내외 경제 여건이 갑자기 악화되기 시작했다. 1990년을 전후해 글로벌 경기침체, 석유 수출가격 하락, 인접한 구 소련연방 붕괴 등 대외적인 여건 악화로 실물경기가 둔화되고 경상수지가 크게 나빠졌다. 거품이 꺼지면서 부동산가격이 급락하기 시작했다. 3국 모두 부동산가격이 1980년대 후반의 최고점과 대비할 때 5~6년 사이에 1/4 수준으로 급락했다. 부동산 관련 산업이 부실화되고, 부동산 담보 가치가 하락함에 따라 금융기관의 부실채권이 급증했다. 국제 금융시장에서의 신인도 하락으로 금융기관의 해외 차입이 어려워졌고, 동시에 급속한 외자 유출 현상이 발생하면서 사태가 더욱 악화되었다. 당시 은행의 리스크관리 시스템이 제대로 구축되어 있지 않은 상황에서 은행 간의 경쟁적 대출 증가는 대출자산의 부실화를 초래했다. 정부의 금융정책과 금융감독도 적절히 대응하지 못했다.

결국 북유럽 3국은 1990년도 초반 심각한 금융위기를 경험했다. 1990년 초반의 구소련 붕괴로 지리적으로 소련과 인접한 위치에 있는 핀란드가 가장 심한 경제위기를 겪으면서 1990년부터 1993년까지 연속 4년간 마이너스 성장을 기록했다. 스웨덴도 1991년부터 3년 연속 마이너스 성장을 경험했고, 다소 일찍 위기를 겪은 노르웨이의 경우 마이너스 성장까지는 기록하지 않았다. 이 국가들은 또한 1990년대 초반 내내 심각한 경상수지 적자를 겪었다. 수익성과 건전성이 급격히 악화된 은행들은 수년간 공적자금 투입, 부실 금융기관 지원, 유동성 지원, 부실채권 정리 등 혹독한 구조조정을 겪

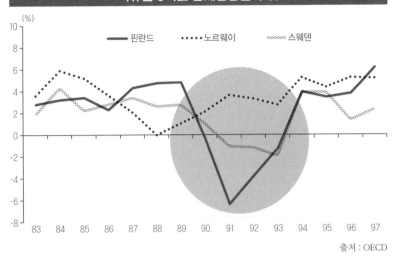

**북유럽 3국의 경제성장률 추이**

(%)

— 핀란드    ······ 노르웨이    ∞∞∞ 스웨덴

출처 : OECD

어야 했다.

  3국 중앙은행은 금융위기에 대처하기 위해 자금경색 현상이 발생하지 않도록 유동성 공급을 확대했다. 경제 규모에 비해 부실채권의 규모가 방대했기 때문에 건전한 은행에 의한 매수합병과 구제자금 지원 등을 병행하는 방법으로 부실 은행을 정리했다. 금융시장의 불안 심리 확산 등을 우려해 매각이나 청산 방식보다 구제자금 지원을 통한 국유화, 합병 방식으로 정리했으며 부실에 대한 주주 및 경영자의 책임은 추궁하되 계속적인 영업은 보장했다. 이러한 뼈저린 노력으로 1994년부터 경제가 본격적인 회복세로 접어들었다.

## 미국 서브프라임모기지 사태

2007년 미국 서브프라임모기지 시장 붕괴는 글로벌 금융위기로 이어졌다. 미국은 2000년대 초반 IT 버블 붕괴와 9·11 테러로 빚어진 경기침체에서 벗어나기 위해 강력한 금융완화정책을 펼쳤다. 2000년 5월 6.5%에서 2003년 6월 1%까지 금리를 인하했고, 당시 통화량 증가율은 명목 GDP 성장률을 3% 이상 크게 상회했다. 예상보다 빠르게 경기가 살아나면서 부동산가격이 급등하기 시작했다. 풍부한 유동성을 바탕으로 한 금융기관의 과도한 부동산 관련 대출 경쟁도 부동산 버블 형성에 기여했다. 2000년대 들어 미국 주요 도시의 주택지수는 부동산경기가 최고점에 도달한 2006년 중반까지 약 2배 이상 급등했다.

주택가격이 급등하자 서브프라임모기지 시장이 빠르게 성장했

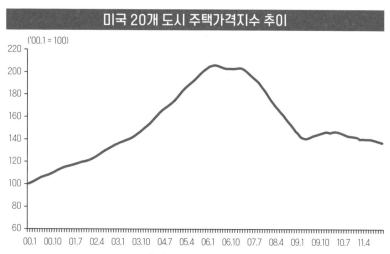

**미국 20개 도시 주택가격지수 추이**

('00.1 = 100)

출처 : S&P/Case-Shiller 20-City Composite Home Price Index

다. 서브프라임(sub-prime)모기지란 신용등급이 낮거나 금융기록 거래가 없는 사람에게 높은 금리를 받고 주택자금을 대출해주는 모기지론이다. 프라임모기지에 비해 2~4% 정도 이자가 높고 금리 조건은 변동금리가 대부분이다. 이 중에서 특히 서브프라임 하이브리드모기지의 경우 초기 2년간의 고정금리는 낮게, 3년 이후의 변동금리는 높게 책정한 고정금리와 변동금리 혼합 모기지로서 전체 서브프라임모기지 중 60~80%를 차지하고 있었다.

당시 대출자에게 불리한 변동금리가 적용됨에도 불구하고 경기 호황과 저금리 기조, 이에 따른 주택가격 상승세, 그리고 규제완화에 따른 모기지 신상품 등장에 힘입어 신용이 낮은 사람들도 집을 사려는 수요가 증가했다. 금융기관의 과다경쟁 속에서 우수 고객들을 유치하기가 어려워지자, 건실한 모기지 대출기관들조차 저신용자 고객을 늘리면서 서브프라임모기지 시장이 성장했다. 서브프라임모기지가 최고조에 달한 2006년 말 당시 그 규모는 미국 전체 주택 모기지의 약 14%를 차지할 정도로 거대한 규모로 성장했다. 모기지시장의 수익성을 일찍이 간파한 월가의 투자은행들이 모기지회사들에 신용을 공급하고 이들이 가지고 있던 저당채권을 사들인 것도 서브프라임모기지 시장 성장을 뒷받침했다.

한편 모기지회사들은 고객 대출자금을 조달하려고 비우량 주택저당채권 등 부동산 관련 채권 상당량을 대형 투자은행에 팔거나 자체적으로 또는 유동화회사를 통해 RMBS(주택담보대출유동화증권)를 발행해 대형 투자은행들에 매각했다. 대형 투자은행들은 모기지회사에서 사들인 모기지채권을 기초로 ABS(자산유동화증권),

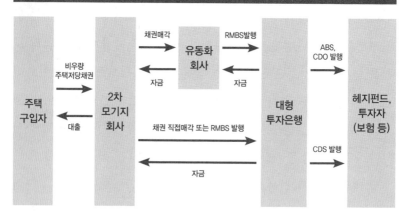

**금융위기 당시 서브프라임모기지 관련 유동화증권의 구조**

CDO(부채담보부증권), CDS(신용디폴트스왑) 등 다양한 파생금융상품을 만들어 다시 고수익을 노리는 헤지펀드나 보험사 같은 투자자들에게 판매했다. 당시 미국 서브프라임모기지 대출의 약 54% 정도가 모기지증권(MBS)화되었다. 이는 미국 내에서 발생한 서브프라임모기지 사태를 글로벌 금융위기로 확대시킨 원인이 되었다.

경기가 살아나고 주택가격이 급등하자, 미국 연준은 고금리 정책으로 돌변했다. 17차례에 걸쳐 단행된 금리 인상 후 결국 급등하던 주택가격이 하락하기 시작했다. 2004년에 대출된 서브프라임 하이브리드모기지의 금리가 2006년 고정금리에서 변동금리로 변경되자 모기지 금리가 급등했다. 서브프라임모기지론을 받은 저소득층의 원리금 부담이 급격히 커졌고 주택가격도 떨어지면서 주택을 담보로 하는 추가 대출도 어려워졌다. 서브프라임모기지의 경우 조기상환을 하려고 해도 조기상환수수료 같은 위약금이 많아 쉽게 처분하기 어려운 점도 상황을 어렵게 만들었다.

급성장하던 서브프라임모기지가 2005년 말부터 대거 부실화되기 시작했다. 서브프라임모기지 대출의 연체율이 빠르게 증가하면서 모기지은행의 파산과 서브프라임 주택담보대출증권(MBS)의 금리 급등을 유발하는 악순환 구조가 형성되었다. 2003년 7%대에 그쳤던 연체율이 2006년 말에는 14%를 넘어서면서 미국 모기지증권은 무더기 신용등급 하락에 직면했다. 연체율은 갈수록 높아지고 서민들이 급매물로 내놓는 주택들이 갈수록 늘어나면서 집값 하락을 부채질했다.

모기지회사들은 차입자의 소득을 기준으로 한 부채상환 능력 기준 강화, LTV(주택담보대출비율) 100% 대출 금지 등 무분별한 서브프라임모기지 신규 대출을 억제하는 한편, 기 대출자에게 상환을 강력하게 요구했다. 금융기관마다 신용위험 관리를 강화하면서 차입자에 대한 원리금 부담을 가중시켜 신용경색 현상이 금융시장 전반으로 확산되었다. 모기지회사의 부실이 모기지대출을 기초로 유동화에 나선 MBS 및 CDO 발행업체와 여기에 투자한 헤지펀드, 투자은행 및 보험회사의 부실로 연결되었다. 2007년 2월 미국의 제2위 모기지 대출업체 뉴센추리파이낸셜의 부도 위기로 국제 금융시장이 요동치기 시작했다. 미국의 서브프라임모기지 시장의 붕괴는 2008년 당시 미국 4위의 투자은행이었던 리먼브러더스의 붕괴로 이어져 본격적인 글로벌 금융위기의 시발이 되었다.

## 스페인 부동산발 저축은행 위기

스페인은 2000년대 들어 글로벌 저금리 기조, 실질 처분가능소득 증가, 자가 주거 선호, 이민자 유입과 EU 국가의 스페인 주택 선호 등에 따라 주택수요가 크게 증가했다. 이에 주택가격은 2008년 금융위기 이전까지 약 2.5배 상승했다. 2000년 이래 EU 전체의 신규 주택 중 스페인에서 지어진 주택이 30%를 차지할 정도였다. 부동산 개발업체와 건설업체 매출액은 스페인 GDP의 약 50% 수준을 차지했다. 전체 산업에 대한 건설업 비중이 유로화 권내 경제 규모 1위인 독일의 3배 이상에 달했다.

스페인의 은행은 대형 일반은행과 '카하(Caja)'라고 불리는 저축은행으로 구분되며, 저축은행은 일반은행에서 대출받기 어려운 개인 및 지역 중소기업에 자금을 공급하고 이익의 환원을 통해 지역사회 발전에 기여할 목적으로 설립된 비상장 은행이다. 지방 경제와 서민 경제의 버팀목 역할을 하는 존재로, 당시 스페인에는 45개의 저축은행이 있었다. 금융위기 이전 10년간 저축은행 대출은 5배늘어 저축은행 업계의 총여신이 전체 금융계 여신의 절반을 넘어서며 대출 규모가 일반은행보다 더 빠르게 증가했다. 스페인 저축은행의 규모가 커진 것은 2000년대부터 글로벌 금융위기 전까지 주택담보대출과 부동산 PF(project financing) 대출을 크게 늘렸기 때문이었다.

부동산시장 호황기에 급증한 저축은행의 부동산 관련 대출이 글로벌 금융위기 이후 주택가격 폭락으로 부실화되기 시작했다. 부동산 개발업체의 엄청난 채무 중 거래가 되지 않는 부지 매입 비중이 50% 이상이어서 채권 부실화가 심각했다. 2007년 이후 경기침체에도 모기지대출을 계속 확대한 저축은행의 부동산 관련 손실이 천문학적으로 커지면서 저축은행은 대부분 부실화되었다. 2007년 말 0.89%에 불과했던 저축은행의 NPL(Non Performing Loan, 90일 이상 연체된 부실채권) 비율이 2009년 말에는 5.34%로 급상승했다.

다른 선진국과 달리 글로벌 금융위기 직전까지 상승세를 지속했던 스페인 주택가격이 국내외 수요가 사라지면서 20%가량 급락했다. 거래량도 절반 가까이 감소하고, 미분양 신규 주택이 대폭 증가했다. 2008년 12월 미분양 주택은 60만 채를 넘었고, 당시 건설 중이었던 주택까지 고려한다면 100만 채를 훌쩍 상회하는 것으로 추정되었다.

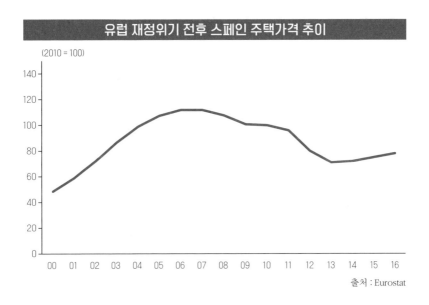

유럽 재정위기 전후 스페인 주택가격 추이

(2010 = 100)

출처 : Eurostat

국제통화기금(IMF)의 권고와 신용평가회사들의 신용등급 하향 조정에 직면한 스페인 정부는 위기의 심각성을 인식하고 2008년부터 저축은행 구조조정을 추진했다. 구조조정 기금 조성, 국유화, 인수합병(M&A) 등을 통한 구조조정이 시작되었지만, 저축은행은 소유구조가 복잡하고 특히 다른 지역 저축은행과의 합병을 반대하는 지방정부와 강하게 결탁되어 있어 구조조정에 어려움을 겪었다. 지지부진한 저축은행 구조조정 과정에서 유로존 경제 규모 4위 경제 대국인 스페인의 경제위기는 PIGS(Portugal, Italy, Greece, Spain)라는 모욕적인 표현으로 불리는, 유럽과 세계경제에 큰 충격을 끼친 '유럽 재정위기'를 초래했다. 스페인의 주택가격이 2014년까지 급락한 이후 2015년부터 주택시장과 경제가 서서히 회복되기 시작했다.

## 우리나라의 가계부채발 복합불황

금융위기 이후 우리나라는 수도권을 중심으로 초유의 전세대란을 겪었다. 가격이 정체된 매매시장과 달리 전세가는 2009년 초반부터 서울과 전국 모두 급격하게 상승하기 시작했다. 2011년 수도권 아파트 전세가는 13% 상승했다. 당시 전세대란은 무엇보다도 수요 측면에서 주택 구입 수요를 대신한 전세수요가 크게 늘었기 때문이었다. 주택 투자의 위험이 커지면서 임대주택을 공급하던 투자자들이 빠지고, 공공에서 저렴하게 분양하거나 임대하는 보금자리주택의 공급 확대로 실수요자도 구입을 미루면서 전세 공급에 비해 수요가 크게 늘었다.

주택시장의 침체가 장기화하면서 집을 팔더라도 대출금이나 세입자 전세금을 다 갚지 못하는 주택, 이른바 '깡통주택' 문제가 커졌다. 당시 금융감독원은 깡통주택 소유자를 전체 주택담보대출자의 약 4% 정도로 추정한 바 있다. 이는 주택담보대출금이 담보주택을 경매로 팔았을 때의 주택가격을 웃도는 차입자가 100명 중 4명 정도라는 뜻이다. 지역별로는 수도권이 93.7%로 절대적인 비중을 차지하며, 금융권별로는 은행이 7만 명, 저축은행이 1만 명, 상호금융 등 신용협동기구가 11만 명 등으로 은행권보다 제2금융권 비중이 높았다.

5장에서 언급했듯, 무리하게 대출을 받아 주택을 구입한 후 원리금 상환 부담 때문에 빈곤을 겪는 하우스푸어가 사회문제로 대두되기도 했다.

| 하우스푸어와 非하우스푸어 원리금 비율 및 상환능력 비교 | | 하우스푸어 | 非하우스푸어 |
|---|---|---|---|
| 처분가능소득 대비 원리금 비율 | | 41.6% | 16.3% |
| 상환능력 | 기간 내 상환 가능 | 61.2% | 85.5% |
| | 기간 연장 시 상환 가능 비율 | 30.4% | 12.1% |
| | 상환 불가능 비율 | 8.4% | 2.1% |
| 상환자금 조달 방법 | 소득 | 74.5% | 81.6% |
| | 부동산 처분 | 5.2% | 10.0% |
| | 거주 변경 | 7.3% | 2.5% |

출처 : 현대경제연구원(2011)

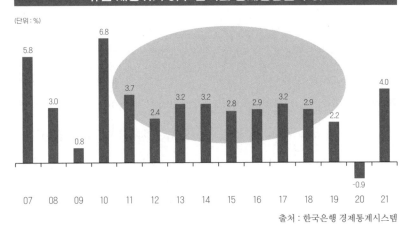

유럽 재정위기 이후 한국의 경제성장률 추이

(단위 : %)

출처 : 한국은행 경제통계시스템

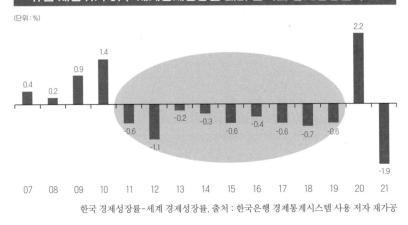

유럽 재정위기 이후 세계경제성장률 대비 한국의 경제성장률 추이

(단위 : %)

한국 경제성장률-세계 경제성장률. 출처 : 한국은행 경제통계시스템 사용 저자 재가공

　　이 시기 우리나라에서 90년대 북유럽과 글로벌 금융위기 이후의
미국, 스페인처럼 가계부채발 복합불황이 본격적으로 전개되었다
고 보기는 어렵지만, 2010년대 초반에 가계대출 연체율이 증가하

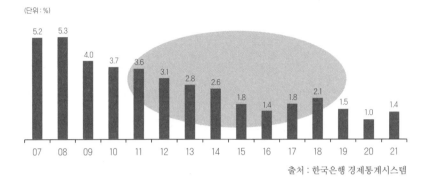

## 유럽 재정위기 이후 국채(3년) 수익률 추이

(단위 : %)

5.2 5.3 4.0 3.7 3.6 3.1 2.8 2.6 1.8 1.4 1.8 2.1 1.5 1.0 1.4

07 08 09 10 11 12 13 14 15 16 17 18 19 20 21

출처 : 한국은행 경제통계시스템

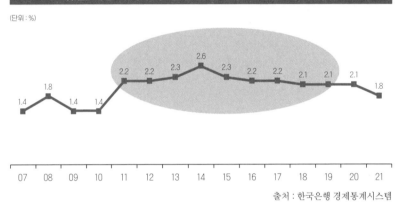

## 유럽 재정위기 이후 일반은행 신용카드 연체율 추이

(단위 : %)

1.4 1.8 1.4 1.4 2.2 2.2 2.3 2.6 2.3 2.2 2.2 2.1 2.1 2.1 1.8

07 08 09 10 11 12 13 14 15 16 17 18 19 20 21

출처 : 한국은행 경제통계시스템

는 등 실물경제와 금융이 동시에 복합불황의 징후를 보이기도 했다. 2012년 유럽 재정위기 전후 우리나라는 저금리정책을 신속하게 펼쳤지만, 비슷한 경제 수준의 국가들에 비해 상대적으로 회복이 더뎠다. 금융위기 이전 5% 이상이었던 국내 성장률이 세계경제 성장률보다 크게 낮은 3% 수준으로 내려간 이후 코로나19 팬데믹 발생 전까지 줄곧 세계경제성장률보다 낮게 유지되었다.

앞으로 금리 상승이 급격하게 진행된다면 가계부채 부실 위험이 커지면서 하우스푸어 문제가 다시 불거질 수 있다. 당시에는 수도권 주택시장의 침체가 장기화되었고, 매매가격의 하락을 예상한 전세수요가 증가했다. 지금은 코로나19 팬데믹에 대응하기 위한 양적 완화로 매매시장과 전세시장이 모두 강세를 보였다가 서서히 불확실성이 커지고 있다.

## 정부와 가계의 대책

가계부채 문제가 가계부채발 복합불황으로 이어지지 않도록 각 경제주체의 사전 관리가 절실하다. 경착륙이 될 가능성도 크기에 주택 위주의 자산구조를 가진 우리로서는 미래가 불안하다. 따라서 정책당국의 방향 설정이 중요하다.

첫째, 주택시장의 연착륙을 유도하기 위해서는 급격한 출구전략을 자제해야 한다. 정책당국은 일본과 미국 두 나라 모두 부동산 버블의 확대를 우려해 강력한 긴축정책을 수행하는 바람에 부동산 버블이 붕괴되기 시작했음을 주목할 필요가 있다. 일본은행(BOJ)은 1989년 5월 2.5%였던 공정할인율을 1990년 8월 6%까지 짧은 기간 동안 단계적으로 인상했으며, 1990년 3월 당시 대장성은 부동산 관련 대출 증가율은 자산범위 내에서 이루어져야 한다는 총량규제를 실시했다가 결국 '잃어버린 10년'을 맞았다. 또한 미국 연준도 당시 주택가격이 급등하자 2004년 6월 긴축정책으로 전환해 연준 금리를 2006년 6월까지 17차례에 걸쳐 5.25%로까지 인상했다가 2007년 서브프라임모기지 사태에 직면했다. 따라서 우리 정책당국도 갑작스런 금융정책의 변화가 경기회복을 저해하지 않도록 주의하고, 경제에 충격을 주지 않으면서도 시중 유동성을 흡수할 수 있는 다양한 미시적 방안을 모색해야 한다.

둘째, 정책당국의 단기부동자금 선순환 노력이 절실하다. 단기부동자금 규모가 크면, 대규모 자금이 금융권 내에서 빠르게 이동하며 금융시장을 교란하거나, 순식간에 자산 버블을 형성하고 붕괴시키는 등 국가 경제에 치명적인 영향을 미칠 수 있다. 주식, 채권 등 자본시장으로 자금을 유도하는 단기부동자금 선순환 대책이 수립·집행되어야 한다. 투자자 욕구에 부합하는 신상품을 개발하는 등 흑자 경제주체를 중장기적인 주식투자로 유도함으로써 자금의 선순환 구조를 회복하는 데 역점을 둘 필요가 있다.

셋째, 잠재된 가계부채 뇌관이 터지지 않도록 잘 다스려야 한다. 앞에서 강조했듯, 가계부채 대책을 금리 인상, 총량규제 등 정책당국 및 금융기관의 입장에서 거시·규제적으로 접근하기보다는 가계 입장에서 높아진 부채를 지탱할 수 있도록 유도해야 한다. 하우스푸어 위험 가구에 대한 맞춤형 지원방안 확충 등의 정책적 노력이 요구된다. 직접적인 가계부채 대책은 아니지만, 상환능력이 취약한 저소득층의 안정적 소득 확보를 위해 고용 증가에 박차를 가해야 한다. 무엇보다도 장기적으로 에코부머(1979~1992년생)와 MZ세대의 성공적인 사회 정착을 지원하는 것이 중요하다.

넷째, 공급 확대나 매매수요 진작 위주의 정책에서 벗어나 서민 주택수요자의 '삶의 질'을 향상하는 방향으로 주택정책 전환이 필요하다. 1인 가구의 증가, 고령화 등 사회 구조 변화에 맞는 적절한 주택정책이 요구된다. 특히 고령자 및 다세대·다가구 주택의 생계형 주택소유자에 대한 세제 지원을 통해 중소형 주택의 거래와 공급도 활성화해야 한다. 특정 지역의 투기적 가수요를 철저히 차단하는 한편 무리한 지역개발 공약을 자제해 주택의 원가가 되는 토지가격 급등 현상을 막아야 한다. 또한 역모기지 제도(주택연금) 활성화, 선진형 임대차제도 활성화를 통해 실물자산이나 전세 보증금에 묶여있는 자금을 유동화하도록 유도해야 한다.

다섯째, 금융권 전체 차원의 공조를 위한 사령탑 역할을 수립해야 한다. 개별 금융기관이 무리하게 가계부채를 회수하면 '죄수의 딜레마' 게임처럼 결국 금융기관 전체 부실로 이어질 수 있다. 특히 은행권과 비은행권이 서로 자기 몫을 챙기려다 보면 건설업체, 제2금융권이 공멸하며, 그 여파가 은행권에도 미칠 수 있다. 예견되는 제2금융권 경영상황 악화에 대비해 이들 기관의 수신 규모가 지나치게 커지지 않도록 하고 금융소비자 보호제도를 강화해야 한다. 투기적 세력에 동조하지 않도록 개인 및 금융기관이 버블의 속성과 붕괴 후 폐해를 잘 이해할 필요가 있다.

한편 가계부채발 복합불황을 막을 가장 근본적인 방안은 우리의 잠재성장률을 높이는 것 즉, 우리의 기본 체력을 튼튼하게 하는 것이다. 잠재성장률은 한 나라의 경제가 보유하고 있는 자본, 노동 등 생산요소를 모두 활용했을 때 달성할 수 있는, 물가 상승을 유발하지 않는 성장률이다. 잠재성장률은 실제 성장률을 산정하는 기준지표로 사용되며, 통화정책 등 주요 거시경제 정책의 수립과 운용에 필요한 기초자료로도 활용된다.

그동안 우리나라 잠재성장률은 1990년대 6%, 2000년대 4%, 2010년대 2.5%로 10년마다 2%가량 하락했다. 향후 우리나라의 잠재성장률은 세계에서 제일 낮은 출산율과 급속한 고령화에 따른 인구구조 변화 등의 요인으로 지속해서 하락할 전망이다. 2021년 한국금융연구원이 노동과 자본, 총요소생산성의 향후 경로에 대해 중립적 시나리오로 추정한 연구 결과에 따르면, 2025년 1.57%, 2030년 0.97%, 2035년 0.71%, 2040년 0.77%, 2045년 0.60%로 하락하는 것으로 나타났다. 우리나라의 잠재성장률은 향후 노동이나 자본 투입의 증대, 생산성 향상 등 생산요소의 투입량이나 효율성을 증대시키는 조치가 없으면 계속해서 하락할 수밖에 없다. 더 나은 미래를 원한다면, 새로운 산업으로 확장하거나 기술혁신으로 생산성을 크게 향상하고, 자본이나 노동의 생산성을 증대할 방안을 모색해야 한다.

# 3부

# 인구구조 변화와
# 주택시장의 미래

# 7장

## 인구구조 변화가 몰고 온 새로운 주거 트렌드

급속한 1인 가구 증가와 고령화 추세는 주거에 대한 고정관념을 바꾸고 있다. 주택시장을 좌우할 주역으로 떠오른 30~40대 중반의 에코부머는 어떤 주택을 선호할까? 인구구조 변화와 세대교체가 몰고 온 새로운 트렌드를 살펴본다.

### 소형 가구화 추세와 주거 다운사이징

우리나라도 2000년대 이후 혼인율과 출산율이 낮아지고, 고령화 사회로의 진전이 급속히 빨라지면서 1~3인으로 구성된 소형 가구가 지속해서 증가하고 있다. 행정안전부의 가구별 주민등록통계에 따르면 2012년부터 2021년까지 최근 10년간 1인 가구는 272.5만 세대, 2인 가구는 159.1만 세대가 증가했다. 반면, 4인 가구는 79.6만 세대, 5인 이상 가구는 50.9만 세대가 감소했다. 전체적인 인구 규모는 거의 변화가 없었지만, 사회구조의 변화로 대형 가구가 소형 가구들로 분화되었다.

소형 가구의 증가로 2021년 12월 기준 주민등록통계에 따른 평균 가구원 수는 역대 최저인 2.20명이고, 전체 세대 수는 역대 최고인 2,347만 가구를 기록하고 있다. 이 중 1인 가구는 모두 946.2만 가구로 전체의 40.3%를 기록했고, 그다음으로 2인 가구 23.9%, 3인 가구 17.0%, 4인 가구 14.4%로 가구원 수가 많을수록 비중이 줄어들고 있다. 지역별로 1, 2인 가구 비중이 가장 높은 곳은 '기타' 지역이다. 이는 주요 도시가 아닌 소도시나 시골 지역에 혼자 살거나 부부만 사는 노인 가구가 많아졌음을 의미한다. 비수도권 지방일수록 오히려 소형주택을 많이 공급하는 것이 바람직하다. 그러나 인구가

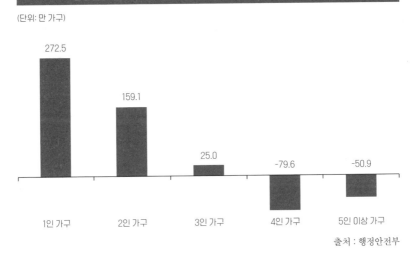

2012~2021년 주민등록상 가구원별 가구 수 변화

(단위: 만 가구)

출처 : 행정안전부

감소하는 지역에서 노인 가구가 신규 주택을 매수하는 것이 꼭 바람직하지는 않으므로 수요자 및 지역 형편에 맞는 공급 대책이 필요하다.

한편 공무원 인구가 많고 국책기관 등이 집중된 세종특별자치시의 경우 소형 가구 비중이 가장 작고, 3인 이상 가구의 비중이 가장 크다. 도시환경이 자식을 키우는 젊은 세대에 맞게 조성되면서 도시에 3, 4인 이상 가구가 거주하는 경우가 일반적이다. 가족 수가 많으면 유리한 아파트 공급 정책도 가구원 수가 많은 가구가 도시로 몰리는 현상에 일조했을 것이다. 수도권과 5개 광역시는 2018년 이후 1인 가구가 빠르게 증가하고 있지만, 아직 전국 평균보다 소폭 낮은 상태다. 반면 서울만 보면 1인 가구 비중이 크다. 젊은 인구가 일자리와 학업 때문에 서울에 몰리는 현상이 반영된 것으로 보인다.

### 지역별 가구 규모 분포 현황(2021년 말 기준)

|  | 1인 가구 | 2인 가구 | 3인 가구 | 4인 가구 | 5인 이상 가구 |
|---|---|---|---|---|---|
| 전국 | 40.3 | 23.9 | 17.0 | 14.4 | 4.4 |
| 서울특별시 | 43.1 | 22.1 | 17.0 | 13.9 | 3.9 |
| 수도권 | 39.3 | 22.6 | 17.9 | 15.7 | 4.5 |
| 5개 광역시 | 39.0 | 24.5 | 17.1 | 14.6 | 4.2 |
| 세종특별자치시 | 34.9 | 21.0 | 18.6 | 19.6 | 5.9 |
| 기타 | 42.8 | 26.0 | 15.5 | 12.3 | 3.4 |

출처 : 행정안전부

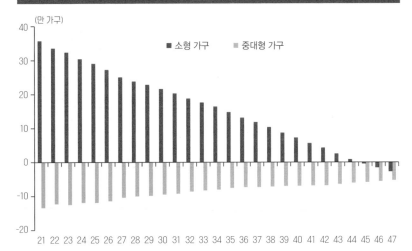

## 가구 규모별 증감 추계

(만 가구)

■ 소형 가구  ■ 중대형 가구

21 22 23 24 25 26 27 28 29 30 31 32 33 34 35 36 37 38 39 40 41 42 43 44 45 46 47

여기서 소형 가구는 2인 가구 이하를, 중대형 가구는 그 이상의 가구를 의미.
출처 : 통계청 데이터를 사용해 저자 가공.

소형 가구 증가와 중대형 가구 축소 현상은 앞으로도 지속될 것으로 전망된다. 주민등록상의 가구 수와는 차이가 있지만 2017년 기준 통계청 가구 추계에 따르면 비록 증감 폭이 점점 작아지기는 하나 앞으로 상당 기간 소형 가구는 증가하고, 중대형 가구는 줄어드는 추세가 이어질 것으로 보인다. 실제로 2047년까지 나타나 있는 가구 추계에서 2인 이하 소형 가구는 증가하는데 그 증가폭은 지속적으로 감소하다가 2045년부터 소형 가구의 수도 줄어드는 것으로 나타난다.

이러한 소형 가구 증가, 중대형 가구 감소 추세는 실제 주택가격에도 영향을 미치고 있다. 2008년 말부터 2021년 말까지 전국 아파트매매가격을 아파트 크기별로 나눠 추이를 살펴보았다. KB국민

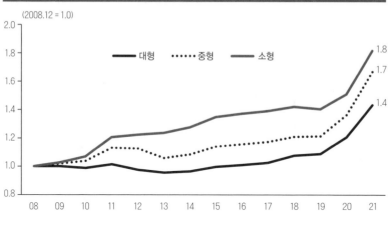

출처 : KB부동산 데이터 사용 저자 재가공

은행 부동산 데이터는 전용면적을 기준으로 62.8m² 미만을 소형, 62.8m² 이상~95.9m² 미만을 중형, 95.9m² 이상을 대형주택으로 구분하고 있다. 2008년 말부터 2021년 말까지 전국 아파트매매가격은 소형 1.8배, 중형 1.7배, 대형 1.4배 상승했다. 그동안 소형 아파트 공급보다 소형 가구 증가세가 더 빨랐던 것이 가격에 반영된 것으로 판단된다.

　가구 소형화는 세계적인 현상이다. 가구 소형화에 대응해 세계 각국은 주거 다운사이징을 추진하고 있어 우리나라 주거정책에도 여러 시사점을 준다.

　독일은 크기만 줄이는 획일화된 소형주택의 단점에서 탈피해 오히려 주거 소형화를 패시브하우스의 이점을 살리는 방식으로 활용하고 있다. 패시브하우스는 에너지 누출을 최대한 방지하는 친환경

건축 방식이다. 기술력이 뛰어난 독일의 패시브하우스 단지는 겨울철 난방비 95% 이상, 여름철 냉방비는 50% 이상 절약하며, 공간을 효율적으로 배치하여 다양하게 세대를 구성하고 커뮤니티 시설을 구비하고 있다. 프랑크푸르트는 2005년 아예 모든 신축 주택을 패시브하우스로 건축하도록 의무화했다. 덴마크는 개인의 사생활을 보호받으면서 공동생활의 장점만을 누릴 수 있는 코하우징(co-housing) 방식을 발전시켰다. 코하우징이란 입주자들이 공용공간에서 공동체 생활을 하면서도 자신만의 공간에서 사생활을 누릴 수 있는 협동 주거 형태를 뜻한다. 보통 30가구 안팎의 입주자들이 마을이나 연립주택에 모여 살며 각자의 라이프스타일에 맞게 개별 주택을 설계하는 것이 특징이다. 공유주택과는 달리 자신의 주택에서 생활하면서 별도의 공동시설을 공유하는 점에서 차이가 있다.

한편 일본은 1990년대 초반 버블 붕괴 후, 부동산에서 매매 수익이 아닌 안정적인 임대 수익을 얻으려는 공급 측면의 수요와 급증하는 소형 가구 수요가 맞아떨어져, 주거비를 절감하면서 커뮤니티의 장점을 누릴 수 있는 소형주택이 다양하게 발전했다. 콘셉트 맨션(concept mansion, 일본의 맨션은 우리나라의 아파트를 가리킨다)은 도심 내 소규모의 토지에 음악 애호가나 자전거족(biker) 등 입주자들의 특성을 반영해 설계한 공유주택으로 수요자들의 호응이 높다. 주간 또는 월간 단위로 사용료를 받는 임대 방식의 위클리 맨션, 먼슬리 맨션의 경우 가구·가전이 구비되어 있고 보증금 등 초기 비용이 없으며, 주로 도심 중심가에 위치하고 지하철역과 가까워 직장인들이 세컨드하우스로 애용한다. 컴팩트(compact) 맨션은 교통이 편리한 입지, 안정성, 디자인이 강점으로 싱글 여성, 시니어 커플, 딩크(double income no kids)족 등의 1~2인 가구를 위한 30~60m² 규모의 소형 아파트로, 원룸보다는 크고 일반 아파트보다는 작으며 보통 한 동에 50~60가구가 있다.

향후 국내에서도 소형 가구 확대, 중대형 가구 축소 추세에 따라 주거문화가 빠르게 변화할 수 있다. 인구 감소와 1인 가구 증가로 공유주택에 대한 수요가 증가하고 주택 매매 수요가 줄어들며, 베이비부머의 본격 은퇴로 노인 전용 주택이나 임대시장이 성장할 것으로 예상된다. 코로나19 팬데믹 이후 대중화된 재택근무와 가내 부업 및 창업 열풍도 주거문화를 바꾸고 있다. 생활방식과 가치관 변화로 이전 세대보다 집에서 더 많은 시간을 보내는 젊은 세대는 휴식 공간으로서, 일터로서 주택의 중요성과 가치를 새롭게 인식하게 되었다.

## 1인 가구가 중심인 사회의 주거 트렌드

1인 가구 증가는 세계 여러 국가나 대도시가 직면한 전 세계적인 현상이다. 특히 유럽연합 국가, 전 세계 대도시의 1인 가구 비율이 매우 높다. 스웨덴은 1인 가구 비율이 56.6%를 넘었고 리투아니아, 덴마크, 핀란드, 독일 등도 40%를 훌쩍 넘는다. 미국도 30% 수준으로 알려져 있으며, 일본은 40%에 육박하고 있다. 최근에는 선진 국가들뿐만 아니라 경제개발 과정에 있는 나라들에서도 이런 현상이 곳곳에서 나타나고 있다. 각 국가의 수도권과 대도시에 1인 가구가 많다. 스웨덴 스톡홀름은 60%가 넘고, 독일 괴팅겐은 67.7%, 미국 코넬대학이 위치한 뉴욕주 이타카도 61.8%다. 이런 추세라면 멀지 않아 1인 가구 비율이 50%가 넘는 도시들이 속출하게 될 것이다.

앞서 언급했듯 지난 10년간 우리나라 1인 가구도 빠르게 증가했다. 2011년 말 673.7만 명으로 전체 가구 중 33.3%였던 1인 가구는 꾸준히 늘어나다가 2017년 이후 상승폭이 커졌으며 2020년 코로나 19 팬데믹 이후 상승폭이 더욱 커졌다. 사회활동이 대폭 감소하고 비대면 접촉이 일반화된 팬데믹 상황에서 1인 가구가 많이 늘어난 것은 부동산 투자를 위해 무주택 세대주가 되려고 서류상으로만 분가한 사례가 많았기 때문이라고 분석하기도 한다. 비록 최근 수년 간의 1인 가구 증가가 석연치 않은 부분이 있다 하더라도 1인 가구

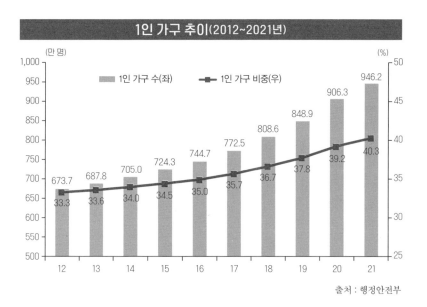

1인 가구 추이(2012~2021년)

출처 : 행정안전부

증가가 지속적인 추세임은 분명하다. 2021년 말 주민등록상 1인 가구가 사상 처음으로 전체 가구의 40%를 넘어섰다. 이런 추세라면 곧 OECD 주요국 중에서 1인 가구의 비중이 가장 큰 국가 중 하나가 될 것이다.

한편 급속히 증가하고 있는 1인 가구의 연령대별 양극화 현상이 뚜렷하게 진행되고 있다. 고령화사회로의 진전이 급격해지면서 청년층뿐만 아니라 고령층 1인 가구가 매우 빠르게 증가하고 있다. 2030년에는 1인 가구 중 65세 이상 고령자가 차지하는 비중이 약 35%로 추계된다. 1인 가구 증가와 관련해 주목해야 할 나라는 일본이다. 단신세대(單身世代)라고 불리는 일본 1인 가구의 특징은 젊은 남성과 여성 고령자 비율이 높고, 1인 가구 중 20~30대 남성이 40% 이상을 차지하고 있다는 점이다. 우리나라도 남성 청년 1인 가구, 여성 독거노인의 비율이 증가하고 있다. 특히 고령 1인 가구는 다인 가구에 비해 학력과 소득 수준이 낮고, 주거나 고용 안정성이 취약하여 고독사 등의 사회문제에 노출되어 있다.

세계 주요국의 1인 가구 정책은 크게 주거 지원과 돌봄 강화로 나뉜다. 각 국가에서는 급증하는 1인 가구들을 대상으로 세대, 성별, 지역, 경제력 등에 따라 맞춤형 사회보장 서비스를 제공하려 노력하고 있다. 결국 혼자 사는 개인들을 돌보기 위해 정부의 역할이 강화될 수밖에 없을 것이다.

1인 가구 증가와 관련된 주거 트렌드 및 각국 정부의 대책을 살펴보자. 금융위기 이후 미국과 네덜란드는 주거 다운사이징 추세가 확연했다. 뉴욕, 보스턴, 샌프란시스코 등 미국의 대도시에서는 마

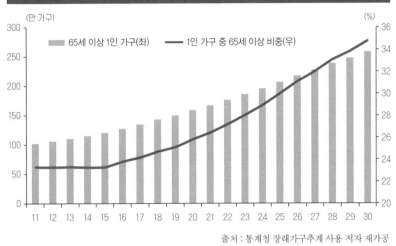

## 65세 이상 1인 가구 추이

(만 가구)

- 65세 이상 1인 가구(좌)
- 1인 가구 중 65세 이상 비중(우)

(%)

11 12 13 14 15 16 17 18 19 20 21 22 23 24 25 26 27 28 29 30

출처 : 통계청 장래가구추계 사용 저자 재가공

이크로 아파트(초소형 아파트, 가령 뉴욕은 기존 51m²였던 최소 면적 기준을 37m²까지 낮추었다.)가 대세로 떠올랐다. 미국의 가구당 주택 평균 면적 역시 금융위기 이후 일자리를 찾기 힘든 젊은 층이 교외로 이동하지 않고 도시에 머물면서 계속 감소 추세였다.

그런데 코로나19 팬데믹이 시작되자 상황이 반전되었다. 재택근무가 주류가 되면서 대도시 직장인 상당수가 더 넓고 쾌적한 주거 환경을 찾아 교외로 많이 떠났다. 업무가 정상화된 후에도 인재들이 재택근무 여부로 기업을 선택하는 경향이 두드러지면서, 많은 회사가 인재 유치를 위해서나 비용 절감을 위해 재택근무를 일상적인 근무방식으로 채택하고 있다. 원래 마당이 있는 단독주택을 선호하던 미국인들이 어쩔 수 없이 대도시의 비좁은 주택에서 생활하다가 코로나19를 계기로 본래의 라이프스타일을 회복했다고도 볼 수 있을 것이다. 미국 외에서도 이런 현상이 뚜렷하게 나타나는지는 아직 확인되지 않았다. 팬데믹 상황에서도 수도권 대도시 선호가 강화된 우리나라에서는 이런 현상이 나타나지 않았다.

네덜란드 암스테르담은 국내 도시형생활주택과 닮은 스튜디오형 주택이 대세다. 주로 원룸 형태지만 공간 활용도가 뛰어나고 건물의 형태, 평면 유형, 이동 통로, 자재 등 건축 측면에서 다양성을 강화하고, 분양방식, 거주자 유형 등 사회적 측면도 고려했다.

스웨덴은 개인의 사생활을 보호하면서 이웃과 정서적 교감을 나눌 수 있는 공동주택 공급에 집중하고 있다. 청년층이 선호하는 공동주택은 직장 접근성을 높이고 문화 시설 이용이 편리하도록 시내 중심부에 있다. 요가·헬스 등 운동 시설, 영화·음악 감상을 위한 시설 등 다양한 편의시설을 갖추고 있다. 상대적으로 낮은 비용으로 최신 건물에서 생활하며 입주자 커뮤니티를 통해 친밀한 관계를 형성하고 우정을 나누며 정서적 지원을 받는 등 사회 관계망을 형성해 가고 있다. 노년층이 선호하는 노인 공동주택은 침실, 주방, 욕실은 개별적으로 사용하고 세탁실, 운동실, 휴식 공간(테라스), 작업실(목공, 뜨개질 등)은 공유함으로써 혼자 사는 노인들이 사회적으로 고립되지 않고 서로 유대감을 형성할 수 있도록 설계되어 있다.

일본에서는 부엌, 휴식 공간 등을 공유하고, 특정 기준에 맞는 사람들을 입주시키는 경우 커뮤니티 기능도 제공하는 공유주택(셰어하우스)이 주목을 받고 있다. 기존의 주택을 리모델링한 경우가 셰어하우스 전체의 90%를 차지한다. 공급자 측면에서도 한 세대에게 전체 공간을 임대하는 것보다 여러 명에게 임대하는 편이 안정적인 수익을 확보하는 데 유리하다. 제도적으로도 공유주택 활성화를 지원한다. 일본에서는 집을 비워둘 경우, '빈집 등 대책 추진에 관한 특별 조치법'을 통해 6배의 고정 자산세를 내야 하므로, 공유주택으로 활용하면 수익도 올리고 세금도 줄일 수 있다.

우리나라에서도 청년들의 주거문제가 심각한 사회문제로 대두되면서 2010년대 초반부터 공유주택에 대한 사회적 논의가 시작되었다. 당시 청년들의 주거권에 대한 인식이 고양되면서 주택협동조합, 민간기업, 비영리단체 등 여러 경로를 통해 공유주택이 공급되었으며 공공에서도 공동체 주택을 공급하고 호텔을 공유주택으로 리모델링하는 등 주거복지의 사각지대에 놓인 청년 1인 가구를 지원하는 노력을 전개했다. 하지만 아직 초기 단계이며, 청년 1인 가구 주거 수요자의 눈높이에 맞춰, 방이 아닌 집에서 생활하는 경험을 제공하고 삶의 만족도를 높일 수 있는 서비스를 개발하는 것이 절실하다.


## 베이비부머 노년세대 주택수요

고령층 중에서도 1955~1963년간 대략 816만 명이 태어난 거대 인구집단인 베이비부머의 움직임이 중요하다. 그들은 전후 경제개발의 시작과 동시에 태어났고 비록 '콩나물 교실'에서 공부하긴 했지만, 우리나라 경제성장의 원동력이 된 고등교육의 세례를 받은 세대다. 고도 성장기에 훌륭한 인적자원으로 활약하며 높아진 소득으로 1980년대 이후 아파트, 자동차, 해외여행 등에서 막강한 소비력을 과시했다. 이들이 본격적으로 집을 구입하기 시작한 1980년대 후반 부동산가격이 급등했고, 1990년대 자녀교육에 대한 열성으로 강남 아파트 붐을 일으키기도 했다.

이러한 베이비부머도 대부분 은퇴하면서 노년세대로 전환되고 있다. 하지만 과거 세대들과 다르게 노후를 보내고 싶은 이들은 주거생활에도 변화를 몰고 오고 있다. '2020년 통계청 인구총조사'에서 약 700만 명으로 나타난 것처럼 여전히 거대 인구집단인 데다 기존의 노년세대와는 달리 사회, 경제적으로 큰 영향력을 지니고 있기 때문이다. 그동안 노년층의 경제력이 취약해 주택 문제에서 큰 영향력을 행사하지 못했지만, 지금은 달라지고 있다.

높아진 소득에 힘입어 외식과 레저에 익숙하고, 어느 정도 다양한 문화 경험을 지닌 베이비부머 노년세대의 주택 선호는 과거와는 다를 것으로 판단된다. 첫째, 수도권 외곽이나 시골의 쾌적한 자연환경을 갖춘 전원형 주택을 선호한 과거 노년 세대와 달리 베이비부머는 도심이나 신도시 지역을 선호한다. 가족의 방문이 쉽고 주변에 여가·문화·의료시설 등 다양한 편의시설이 갖춰져 있기 때문이다. 노년에는 점점 더 운전이 부담스러워지는데, 대중교통 이용이 편리해 친구들과 쉽게 어울릴 수 있는 것 역시 도시의 매력 중 하나다. 주택의 형태도 집주인이 직접 관리해야 하는 저층주택보다는 아파트나 오피스텔처럼 체계적인 관리가 이루어지는 공동주택을 선호할 것이다. 자녀와 함께 살기보다는 따로 살되 정서적 유대를 강화하는 '따로 또 같이' 형태의 가족이 급속히 늘어날 것이며

이는 가족의 해체라기보다는 삶의 방식이 변화하는 과정으로 보는 것이 자연스러울 것이다.

둘째, 베이비부머 노년세대의 주거 형태가 소유보다는 임대 형태로 점차 변화할 것이다. 현재 베이비부머의 자산 대부분은 자신이 살고 있는 주택이다. 노후생활 자금 마련을 위해, 은퇴생활을 즐기기 위해, 주택을 처분하고 주거지를 옮긴다면 인구가 감소하는 시대에 저렴한 주택을 새로 장만하기보다는 임대를 선택하는 편이 더 합리적일 수 있다. 베이비부머는 다른 연령대보다는 상대적으로 주택담보대출 비중이 작지만, 소득이 감소하는 시기에는 적은 원리금 상환액도 큰 부담이 된다. 금리 상승으로 원리금 상환 부담이 커질 전망이고, 주택가격의 하락 리스크, 생활비에 못 미치는 국민연금 월지급금을 고려하면, 자산 대부분을 주택에 묶어놓는 선택은 줄어들 가능성이 크다.

셋째, 대형주택에서 중소형주택으로 갈아타는 베이비부머 노년세대가 증가할 것이다. 자녀 세대의 가구 분화로 넓은 주거공간의 필요성이 줄어들고 있고, 수명이 연장되어 노후생활에 필요한 자금은 나날이 증가하고 있다. 금융자산 비중이 작고 노후 대비가 제대로 되어 있지 않아 주거 다운사이징을 통해 노후자금을 확보해야 하거나, 취업과 경제적 자립이 어려운 자녀들을 지원할 자금을 마련하기 위해 베이비부머가 집을 줄여 현금을 확보하려고 하는 경향이 나타나고 있다.

넷째, 역모기지론 가입률이 증가할 것이다. 국내에서는 2007년 주택금융공사에서 보증하는 '주택연금'이라는 역모기지론 상품이 보급된 이후 빠른 속도로 시장이 확대되고 있다. 2007년 515건에 그쳤던 주택연금 계약 건수가 2011년 2,936건으로 증가하면서 2011년까지 총 7,286건, 2021년에는 총 88,752건을 기록하고 있다.

베이비부머 노년세대는 윗세대보다 상대적으로 여유가 있는 세대다. 비슷한 경제 수준의 국가들은 일찍부터 노인 대상의 실버타운과 임대주택을 발전시켰다. 그러나 아직 우리나라에서는 노인 전용 주거시설이 제대로 자리 잡지 못하고 있다.

우선 실버타운은 노인을 위한 주거시설인데, 관련법에는 주택으로 분류되지 않고 노인복지시설로 분류된다. 주택법의 적용을 받지 않아 분양보증을 받지 않고 분양하다가 건설업체의 부도나 공사중단 상황에서 입주 예정자들이 보호받지 못하기도 했다. 이러한 부작용이 불거지자, 정부는 2015년 분양형을 폐지하고 임대형 실버타운만 허가하기로 했다. 실버타운은 금융기관이 대출할 때 주택의 가치를 제대로 평가받지 못하고 복지시설로서도 정부 혜택이 크지 않다. 그로 인해 우리나라 실버타운은 인기가 별로 없어 고령화가 빠르게 진행되고 있는 현실에서도 제대로 정착하지 못했다.

서울이나 수도권에서 운영되는 몇몇 고급 실버타운에서는 다양한 프로그램을 즐기면서 쾌적한 노후생활을 즐길 수 있다. 타운 내에 기본적인 의료시설을 갖추고 있어 몸이 아프면 언제든 의료시설을 이용할 수도 있다. 하지만 이런 곳들은 보증금 액수가 크거나 매월 생활비가 많이 들어 일반 서민이 이용하기에는 부담스럽다. 이런 현실로 인해 해외에서는 전체 노인인구의 5% 정도가 실버주택에 사는 반면 우리나라는 0.2%도 되지 않는다.

하지만 가족이 없는 노인만 시설에 들어간다는 고정관념이 점차 사라지면서 경제력을 갖춘 노년세대 대상으로 교통이 편리해 가족과 친구를 만나기 쉬운 도심형 실버타운에 대한 관심이 커지고 있다. 앞으로 법과 제도가 정비되어 운영 주체의 신뢰도를 제고하고 생활 편의를 강화한다면, 우리나라에서도 실버타운이 빠르게 확산될 수 있을 것이다.

최근 고령화가 진전되면서 '살던 곳에서 계속 자립해서 살아가기'(aging in place)가 동서양을 막론하고 세계적인 추세가 되어가고 있다. 일본에서는 버블 붕괴 이후 분양시장이 축소되며 주택 임대를 전문으로 하는 기업이 성장했다. 부동산회사, 건설회사 등이 부동산을 직접 보유·운영·관리하는 부동산 종합자산관리 사업을 강화하거나, 토지를 직접 매입하지 않고 토지주와 부동산을 공동으로 개발·신탁·운영하는 등 다양한 변화를 시도해 왔다. 최근 일본에 등장한 '서비스 지원형 고령자 주택'은 노인 입주자를 위해 서비스 요원이 주거시설을 순회하거나 생활 상담을 제공하는 등 간단한 서비스가 제공되는 임대주택을 말한다.

우리나라에는 비용 부담이 만만치 않은 유료 실버타운과 저소득층 노인을 위한 영구임대주택(공공실버주택)이 있지만, 숫자가 너무 적고 서민과 중산층 베이비부머 고령자가 선택할 만한 유형은 마땅치 않다. 자립해서 생활할 수 있는 노인들에게 기본적인 서비스를 제공하면서 비용도 적정한 유형의 주택이 많이 보급되어야 한다.

# 2020년 기준 국내 세대별 인구 비중

**1차 베이비부머(1955~1963년생)** 한국전쟁 이후 태어난 거대한 인구 집단(약 816만 명). 2020년 기준 700만 명 이상으로 국내 인구의 13.7%.

**2차 베이비부머(1968~1976년생)** 1964년 정부의 가족계획 정책으로 출생률이 떨어진 시기를 거친 후 고도성장을 시작한 1968년부터 9년간 다시 빠르게 증가한 인구집단. 약 750만 명 출생했으며, 1차 베이비부머와 비교해 경제적으로 더욱 풍요한 시기에 태어나 치열한 입시환경에서 고투하며 취업한 세대.

**에코부머(1979~1992년생)** 1차, 2차 베이비부머의 자녀세대로서 베이비부머 세대처럼 또 하나의 거대한 인구집단. 2021년 기준 약 998만 명으로 추정.

**MZ세대** 1980년부터 1996년생까지를 일컫는 밀레니엄 세대와 1997년부터 2004년생까지의 출생자를 뜻하는 Z세대를 합쳐 일컫는 세대. 2019년 기준 약 1,700만 명으로 국내 인구의 약 34%를 차지하는 대규모 인구집단. 디지털 환경에 익숙하고, 트렌드에 민감하며 이색적인 경험을 추구하고, 특히 SNS 활용에 능숙해 소비시장에서 강력한 영향력을 발휘하고 있음. 1, 2차 에코부머를 포함한다.

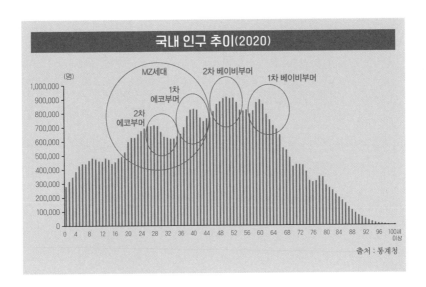

국내 인구 추이(2020)

출처 : 통계청

## 에코부머의 인식 변화로 살펴본 미래 주거환경

앞에서는 주거 트렌드 변화를 소형 가구화와 고령화 중심으로 살펴보았다. 여기서는 향후 주택시장을 주도할 에코부머의 시각에서 미래의 주거문화를 예측해 보고자 한다.

우리나라에는 인구 통계적으로 베이비부머만큼 거대한 인구 집단이 있다. 바로 베이비부머의 자녀세대에 해당하는 에코부머 (echoboomers)다. 이 말은 푸르덴셜파이낸셜이 미국 청소년들을 대상으로 한 지역사회 봉사활동 실태조사 보고서에서, 2000년(year 2000)에 주역이 될 세대인 밀레니엄 세대(또는 Y세대)를 베이비부머가 낳았다고 해서 에코(echo, 메아리) 세대라 부른 데서 기원한다. 통상 우리나라에서 에코부머는 처음에는 인구 통계적 측면에서 1979~1985년도에 태어난 사람을 뜻했지만, 최근에는 1, 2차 베이비부머 자녀 세대인 1979~1992년에 태어난 사람들을 의미한다. 2021년 말 기준으로 29~42세에 해당하며, 대부분 사회에 진입한 사람들이다. 통계청 주민등록상 인구 현황을 보면 2021년 말 기준 약 998만 명(전체인구의 19.3%)이다.

에코부머는 풍요로운 경제 환경에서 성장했다. 에코부머 성장기 당시의 1인당 GNI(1인당 국민총소득)는 베이비부머 성장기와 비교하면 약 10배 이상 높다. 디지털 환경에 익숙해 모바일기기와 SNS를 일상에서 활용하며, 온라인에서 의견을 개진하고 필요한 정보를 얻는 특성이 있다. 높은 수준의 교육을 받았지만, 많은 이들이 취업 시장에서 수요와 공급 간 미스매치 현상으로 안정적인 사회진입에 어려움을 겪었다.

그동안 주택시장을 주도했던 베이비부머가 은퇴하며 자녀 세대인 에코부머가 본격적으로 주택 매입을 포함한 경제활동의 주역으로 부상하고 있다. 2022년 3월 한국주택협회의 학술잡지인 *Journal of the Korean Housing Association*에 게재된 논문 '2022년 초 포스트 코로나 시대의 주거 기능 변화와 공간 선호'에서는 서울시 거주 에코부머를 대상으로 주거 기능 변화와 인식 변화에 대해 설문조사를 실시하고 분석한 결과를 수록했다. 논문에 따르면 집에 머무는 시간이 길어짐에 따라 답답함을 덜 느끼도록 창문을 적극적으로 활용하거나 야외공간을 내부로 끌어들인 개방적인 실내 구조를 선호하게 되었고, 주택을 재택근무·온라인 수업·운동·문화생활 등 다기능을 동시에 수행하는 복합공간으로 인식하게 되었다. 집이 휴식의 공간을 넘어, '집 밖'에서 하던 여러 활동도 수행하는 공간이 되자, 거주자의 라이프스타일 변화와 그때그때의 필요에 부응할 수 있는 가변형 구조의 필요성이 부각되었다.

코로나19 팬데믹을 겪으며 나타난 주거문화 변화는 감염병 종식과 함께 사라질 것인가? 그런데, 팬데믹 기간에 나타난 변화는 갑자기 생겨난 것이라기보다는 서서히 진행되던 변화의 속도가 더 빨라진 것이라고 보는 것이 정확할 것이다.

IT 기술이 눈부시게 발전했지만, 재택근무의 이점을 잘 알면서도 쉽게 바꾸기 어려운 직장문화 때문에 변화의 속도가 더뎠다. 팬데믹 시기 재택근무를 실시하고 업무 수행에 지장이 없었던 회사들은 감염병 위기가 사라져도 비용 절감과 업무 효율화를 위해 재택근무를 병행할 것이다. 또한 점점 기업 활동이 부문별로 아웃소싱되는 추세 속에서 프리랜서로 집에서 일하는 사람들이 크게 증가하고 있다. 집에서 스마트스토어를 운영하거나 팟캐스트·유튜브 방송을 하는 1인 기업들도 많아졌다. 직장에 다니더라도 불필요한 외출이나 모임을 줄이고 정시에 퇴근해 집에서 취미생활을 즐기거나 재테크 공부, 부업을 하는 경향도 강해지고 있다. 코로나19 이전에도 집에서 많은 시간을 보내는 젊은 세대를 중심으로 소중한 공간을 가꾸기 위한 셀프 인테리어, 전셋집 인테리어 등이 큰 인기를 끌었다.

자식을 독립시킨 노년층에서는 주거 다운사이징이 나타나고 있지만, 집을 복합공간으로 활용하는 청년층과 중년층에서는 소형 가구라도 반드시 똑같은 변화가 일어나지는 않을 수 있다. 코로나19

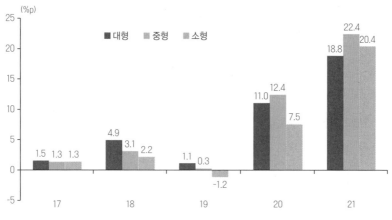

출처 : KB부동산 데이터 사용 저자 재가공

팬데믹 직전부터 중형 아파트 선호 경향이 나타나고 있는데, 중형
아파트의 공급 부족도 원인이지만, 주거공간의 다기능화와 집에 대
한 인식 변화도 작용했다고 추정된다. 2018년부터 소형보다는 중
대형 아파트가격 상승률이 높았고, 팬데믹 기간 모든 아파트가격이
상승하는 가운데서도 중형 아파트가격의 상승률이 가장 높았다.

# 8장

# 대한민국 주택시장의 미래

인구 감소와 수도권 집중이 동시에 진행되면서 향후 주택공급은 신규 택지보다는 재건축을 통해 이루어질 가능성이 크다. 전세가 월세로 전환되며 임대전문업체와 부동산 간접투자 시장이 성장할 것으로 예상된다. 임대차 제도 보완과 적자가 예상되는 주택연금 손익구조 개선이 요구되는 시점이다.

## 재건축 아파트 전성시대

우리나라에서는 주택법 제2조 제1호에 의해 주택을 형태에 따라 다음과 같이 단독주택과 공동주택 등으로 분류하고 있다. 단독주택은 3층 이하, 연면적(각 층 바닥면적 합계)이 200평 이하인 주택을 말하고, 공동주택은 아파트(5층 이상의 주택), 연립주택(4층 이하, 연면적

200평 초과), 다세대주택(4층 이하, 연면적 200평 이하) 등으로 구분한
다. 다세대주택과 다가구주택을 혼동하기 쉬운데 다세대주택은 공
동주택으로 분류되며, 주택으로 쓰이는 1개 동의 연면적(지하주차장
면적 제외)이 200평 이하, 층수가 4개 층 이하인 주택을 말하고, 다가
구주택은 단독주택으로 분류되며, 주택으로 쓰이는 층수(지하층을
제외)가 3개 층 이하이고, 19세대 이하가 거주 가능한 주택이다.

한편 도시형생활주택은 서민과 1~2인 가구를 위한 주택공급을
촉진하기 위해 2009년 5월 도입된 새로운 주거 형태다. 300세대 미
만의 국민주택 규모에 해당하는 주택으로서 기존의 주택 건설기준,
부대시설 설치 기준을 많이 완화하거나 배제했다. 도시형생활주택
의 단지형 연립주택과 단지형 다세대주택은 건축위원회 심의를 받
은 경우 최대 5개 층까지 건축할 수 있다.

우리나라가 경제발전의 성과를 충분히 누리기 전인 1980년에는
단독주택의 비중이 약 87%, 아파트는 약 7% 정도에 불과했다. 이후
국내 베이비부머가 본격적으로 산업현장에 투입되면서 단독주택
대신 아파트가 대량 생산되기 시작했다. 우리나라는 대도시의 택지
난과 생활의 편리, 관리의 효율성 등의 이유로 아파트에 대한 선호
도가 유난히 높다. 아파트뿐만 아니라 연립주택, 다세대주택 형태
의 공동주택 비율도 빠르게 증가했지만, 그 규모는 아파트에 훨씬
미치지 못했다. 2020년 현재 전국적으로 아파트 수는 1,166.2만 호
로, 전체 주택에서 차지하는 비중이 빠르게 증가하면서 가장 대표
적인 주택 유형으로 자리잡았다.

통계청의 주택총조사에 의하면 2020년 현재 전국의 아파트 비중

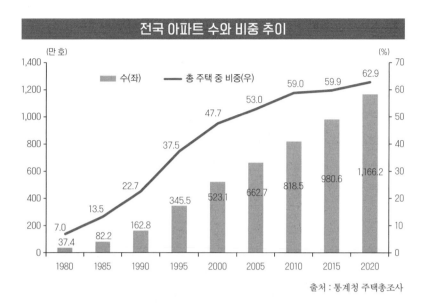

전국 아파트 수와 비중 추이

(만 호)

1,400

(%)

70

■ 수(좌) ── 총 주택 중 비중(우)

1,200

62.9

60

59.0   59.9

1,000

53.0

47.7

50

800

37.5

40

600

22.7

30

400

13.5

345.5  523.1  662.7  818.5  980.6  1,166.2

20

200

7.0

82.2  162.8

10

0

37.4

0

1980  1985  1990  1995  2000  2005  2010  2015  2020

출처 : 통계청 주택총조사

| 주택유형별 비중 추이(2020) | | | | (단위 : %) | |
| --- | --- | --- | --- | --- | --- |
| | 단독주택 | 아파트 | 연립주택 | 다세대주택 | 기타 |
| 서울특별시 | 10.2 | 58.8 | 3.7 | 26.4 | 1.0 |
| 수도권 | 10.6 | 65.3 | 3.1 | 20.0 | 0.9 |
| 전국 | 21.0 | 62.9 | 2.8 | 12.0 | 1.2 |

출처 : 통계청 주택총조사

은 62.9%, 수도권은 65.3%, 서울은 58.8%로 나타났다. 서울은 아직
아파트의 비중이 60%를 밑돌고 있지만 여러 세대가 어울려 살 수
있는 주거 형태인 다세대주택의 비중이 26%를 넘는다. 인구밀도가
높은 서울과 수도권은 공동주택 비중이 크다.

  역사적으로 각 지역의 풍토와 민족성이 주택과 취락의 형태를 독
자적인 양식으로 발전시켰다. 근대 주택은 핵가족화가 빠르게 진

행되면서 소형화·단순화되다가, 도시가 발달하면서 아파트 같은 공동주택의 유형이 보편화되고 있다. 아파트(apart)란 여러 개의 주거 단위로 이루어진 건물을 뜻하며, 더 정확히 표현하면 아파트먼트블록(apartment block)이다. 유럽에서는 이미 16세기 에든버러와 파리에 고층 아파트가 지어졌는데, 진정한 의미의 아파트 건물은 1850년대 영국에서 소규모 아파트가 지어지면서 보편화되기 시작했다.

한국에서 아파트 주거형식이 등장한 것은 일제강점기 서대문 풍전아파트, 적선동 내자아파트 등이 들어서면서부터다. 1962년 대한주택공사가 설립되면서 대규모 택지개발 및 불량주택 재개발을 추진하며 대형 아파트와 고층 아파트가 본격적으로 건설되기 시작했다. 당시 서울시는 세운상가·낙원상가·대왕상가 아파트, 한강·여의도 아파트단지 등 곳곳에 아파트를 건설했다. 1970년의 와우아파트 붕괴는 우리 사회의 안전불감증에 경종을 울린 대표적 사건이다.

1970년대에 들어서면서 만성적인 주택공급 문제를 해결하기 위해 민간업체들도 아파트 사업에 적극적으로 참여하며 아파트가 대량 공급되기 시작했다. 1970년대 말과 1980년대 초 과천, 강남, 영동 등지에 대규모 아파트 단지가 건설되었고, 이즈음 새로운 도시형 집합 주거인 다세대 주택과 연립주택이 등장했다. 1980년대 후반 이후에도 주거 문제를 해결하기 위한 정부의 노력이 지속되어 서울시 상계지구에 100만 평 규모의 대단위 신시가지가 개발되고, '주택건설 200만 호'를 목표로 분당, 일산, 평촌, 산본, 중동 신도시 등이 건설되었다.

　이제 우리나라의 가장 대표적인 주택 유형이 된 아파트는 점점 고령화되고 있다. 그동안 국내 아파트 공급은 신도시 개발이나 주거환경이 나쁜 지역의 재개발을 통해 주로 이루어졌다. 하지만 앞으로는 인구와 가구 수 증가가 주춤해지고, 새로운 택지개발 또한 쉽지 않아 신규 아파트공급은 주로 재건축 아파트에서 이루어질 가능성이 크다. 국내에 아파트가 대량으로 공급된 1980년대 지어진 아파트들이 재건축 연한 30년을 훌쩍 넘었고, 1990년대에 준공된 아파트들도 나날이 노후화되고 있다.

　통계청 주택총조사에 의하면 1980년 기준 국내 아파트 수는 37만 3,710호였다. 이후 폭발적으로 증가하면서 2020년 전국의 아파트 수는 1,166만 1,851호다. 이를 근거로 주택에서 아파트가 차지하는 비중, 주택 인허가 건수, 인허가와 준공의 비율 차이, 멸실아파트 비율 등의 추정치를 고려해 향후 20년간 전체 아파트 수와 건축물 연령 30년 이상의 노후아파트를 추정해 보았다. 2021년 말 기준 30년 이상이 되는 아파트는 약 157만 호로, 시간이 흐를수록 노후아파트 수는 빠르게 증가한다. 2040년이 되면, 전체 아파트 대비 30년 이상 된 아파트의 비중은 약 46%에 이르는 것으로 추정된다. 중간에 재건축되는 아파트는 고려하지 않았다. 지금까지는 재건축되는 아파트가 너무 적어 재건축 후 노후아파트에서 제외되는 수치가 미미했다. 앞으로 노후아파트가 상당수 재건축되어 전체 노후아파트 규모에 영향을 끼칠지, 그렇지 않을지는 알 수 없다.

　최근의 흐름으로 보아 아파트 재건축은 거의 40년에 가까워야

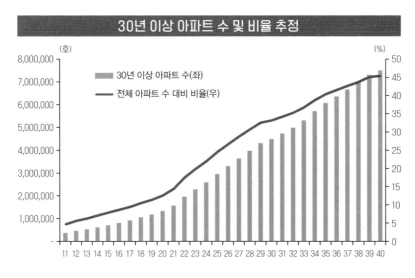

출처 : 국토교통부 데이터 사용 저자 추정

이루어진다. 향후 아파트 신규 공급이 주로 재건축 아파트에서 나오더라도 재건축 연한을 지난 아파트 중 일부만 선별적으로 재건축이 이루어질 것이다. 인구가 감소하고 소형 가구화가 진전되며, 가구 수 증가도 정체가 예상되기 때문이다. 높은 재건축 비용을 감당할 만큼 투자 가치가 있는 아파트는 많지 않다.

## 임대차시장의 구조변화

전세제도는 우리나라의 독특한 주택임대차 제도다. 월세는 '사라지는 돈', 전세는 '저축'이라는 오랜 고정관념 속에서 전세에 대한 선호도는 여전히 강하다. 100년 이상의 전통을 지닌 제도로 한국적

맥락 속에서 강한 경로의존성(path dependency)을 보인다.

전세제도의 기원은 분명치 않으나 1876년 강화도 조약 이후 부산, 인천, 원산 등 3개 항구가 개항되고, 일본인 거류지가 조성되며, 농촌인구가 도시로 이동하면서 독특한 주택임대차 관계가 형성되었다는 견해가 설득력 있다고 판단된다. 조선 말기 전세가는 기와집과 초가집 등 주택 형태에 따라 달랐으며, 집값의 70~80%에 육박한 곳도 있었으나 보통 집값의 반값 정도였으며, 전세 기간은 통상 1년이었다고 한다.

6·25전쟁 이후 산업화 과정에서 도시의 주택난이 심화되며 전세제도가 완전히 자리 잡았다. 도시의 주택 부족이 심각했고, 주택가격이 지속해서 상승하는데, 전세를 대체할 공공 임대주택은 거의 없었다. 이러한 상황에서 지금과 같은 주택금융시장이 활성화되지 못해 주택을 담보로 하는 사금융기법의 하나로 전세제도가 성행했다. 집주인은 부족한 주택 구입 자금을 전세자금을 활용해 무이자로 융통하고, 세입자는 매달 월세를 부담하느니 주택가격의 절반 정도에 보증금만 걸어두고 임차하는 것이 득이 되었기 때문에 집주인과 세입자의 이해관계가 맞아떨어졌다. 전세제도는 서민들의 내집 마련을 위한 강제저축 기능을 하는 등 긍정적인 효과가 있었다.

전세가 상승에도 불구하고 임차시장에서 전세 비중이 꾸준히 감소해 왔다. 전월세전환율이 빠르게 하락하고 있지만 그래도 월세로 전환하는 경우 여전히 시중은행 정기예금 이자율보다 2~3배 높아서 목돈이 꼭 필요하지 않은 집주인들은 월세를 선호한다. 2022년 4월 기준 전국 주택 전월세전환율은 5.7%(수도권 5.2%, 지방 6.7%),

오피스텔은 전국 5.09%(수도권 5.02%, 지방 5.74%), 같은 기간 은행 정기예금 금리(1~2년)는 2.11%였다. 주택가격이 크게 올라 부동산 투자가 위험해지고 주식, 가상화폐 등 다른 재테크 수단의 불확실성이 증가하면 안정적인 월세 수입을 원하는 이들이 많아진다. 특히 베이비부머의 은퇴와 인구 고령화는 매월 임대수익이 보장되는 월세 선호를 강화할 것으로 보인다.

과거에는 전월세전환율이 시중 금리보다 훨씬 더 높은 사채 이자율 수준이어서 세입자가 큰 부담을 느꼈으나, 전월세전환율이 급격하게 떨어져 시중 대출금리와 비슷하거나 오히려 더 낮아지면서 세입자가 전세대출을 받기보다 그만큼을 월세로 전환하기를 원하는 경향도 나타나고 있다. 전세대출 규제, 그리고 임대시장에서 전세시장과 월세시장 간의 수급 불균형이 반전세라고 부르는, 보증금 비중이 매우 높은 월세 형식으로 해소되는 경우가 늘어나고 있다.

전월세전환율은 전세금을 월세로 전환할 때 적용하는 비율로서 연간 월세 합계를 '전세금에서 보증금을 뺀 금액'으로 나눈 다음 100을 곱해 산정한다. 1년 월세 합계를 전세금에 대한 이자로 환산해 비교한 지표로, 전월세전환율이 높을수록 전세보다 월세 부담이 상대적으로 크다는 뜻이다. 전세금 2억 원인 주택의 월세 시세가 보증금 2,000만 원에 월세 70만 원인 경우, 1년 월세 840만 원을 1억 8,000만 원으로 나눈 다음 100을 곱해 계산한다. 이 경우 전월세전환율은 4.67%다. 한국부동산원에서는 실거래가 공개시스템을 바탕으로 매달 전국의 전월세전환율을 공시하고 있다. 서울시도 2015년부터 서울 지역의 전월세전환율 정보를 제공하는데, 일반적

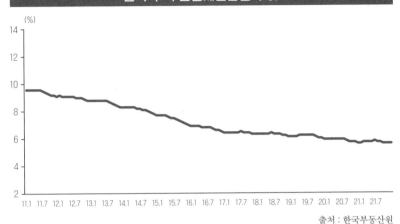

전국 주택 전월세전환율 추이

(%)

출처 : 한국부동산원

으로 서울 및 수도권이 지방보다 전월세전환율이 낮다.

순수 전세시장 비중이 빠르게 축소되고 보증부월세시장이 급격히 늘어나면서 전세와 월세가 혼합되는 반전세 형태가 가장 큰 비중을 차지하게 되었다. 통계청의 인구·주택총조사에 따르면 임차시장에서 전세가 차지하는 비중은 1995년 67.2%를 정점으로 점차 줄어드는 추세를 보이고 있으며, 저금리 기조가 정착된 2000년대 접어들어 그 감소 추세가 빨라졌다. 순수 전세는 2015년 39.5%까지 내려갔다가 2020년에는 39.9%로 나타나 갭투자가 유행하면서 전세 감소세가 다소 주춤해진 것으로 보인다. 보증부월세 비중은 1990년 17.4%에서 급격히 증가하면서 2020년 53.8%로 빠르게 상승했다. 사글세(수개월 임대료 선납 방식) 포함한 월세(보증금 없는 월세+사글세) 비중은 1990년 이후 급격히 하락하면서 2020년 현재 6.4% 수준에 머물러 있다. 전세 비중 감소와 보증부월세 비중 증가는 전

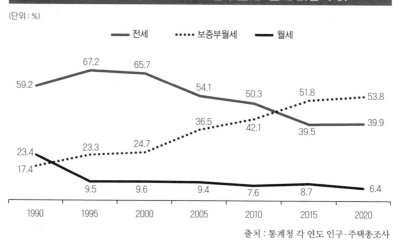

**주택 임대차시장에서 전세·보증부월세·월세 비중 추이**

(단위 : %)

——— 전세    ······ 보증부월세    ——— 월세

전세: 59.2 / 67.2 / 65.7 / 54.1 / 50.3 / 51.8 / 53.8

보증부월세: 17.4 / 23.3 / 24.7 / 36.5 / 42.1 / 39.5 / 39.9

월세: 23.4 / 9.5 / 9.6 / 9.4 / 7.6 / 8.7 / 6.4

1990  1995  2000  2005  2010  2015  2020

출처 : 통계청 각 연도 인구·주택총조사

국적인 현상이긴 하지만 서울을 비롯한 수도권은 그 추이가 느리게 진행되고 있으며 지방은 빠르게 진행되어 왔다.

월세 수익률은 주택 유형과 지역에 따라 큰 차이가 있다. 쪽방이나 원룸처럼 면적이 좁고 저렴한 주택일수록 주택가격 대비 월세가 높고, 아파트는 주택가격 대비 월세가 낮다. 같은 아파트라도 서울과 수도권의 아파트는 월세 수익률이 더 낮다. 전세보증금을 활용해서 갭투자를 했거나 월세 수익보다 매매 수익을 추구하는 집주인은 앞으로도 전세를 선호할 것이다. 이런 흐름에 따라 저가 주택의 월세화, 중간 가격대 주택의 반전세화가 진전되며, 중간 가격대 주택과 고가 주택 상당수는 계속 전세로 공급될 것으로 전망된다. 매매가가 지속적으로 하락해서 매매 수익을 추구하기 어려운 시대가 오면, 월세화가 더욱 빠르게 진전될 수 있다.

그동안 전세제도는 부족한 공공 임대주택을 보완하고, 세입자에게 적은 실거주비와 최소의 거래비용으로 좋은 주택서비스를 제공하는 순기능이 컸다. 하지만 전세금을 레버리지로 활용한 갭투자가 유행하면서 주택 매매가 급등의 원인 중 하나가 되었고, 거래위험이 임차인에게 전가되었으며, 저금리 시대를 맞이해 합리적인 임대수익률을 기대하기 어려워졌다. 우리나라 특유의 임대차제도인 전세제도의 미래도 향후 주택시장에서 큰 변수가 될 것이다.

영국, 프랑스, 일본, 미국 등 해외에는 우리와 같은 전세제도가 없고 월세가 보편적이다. 19세기 중반 이후 급격한 산업화·도시화에 따라 주택 부족이 사회문제로 대두됨에 따라 이 국가들은 공공 임대주택 보급에 힘썼다. 또한 임대료 규제와 계약갱신권 부여 등 각종 조치를 통해 세입자를 보호하고 있다. 집주인의 사유재산권을 인정하면서도 임차인이 계약상 동등한 지위를 갖도록 보호해주고 있다. 주요 선진국들은 임대인보다는 임차인 보호에 좀 더 무게를 둔 정책을 펴고 있다. 각 정부는 국가 경제 및 사회 상황에 따라 임대차 정책을 수시로 변경하는데 비교적 최근 자료를 정리했다. 대부분의 나라에서 특수 임대차 계약이거나, 임대인이 직접 거주하거나, 정상적인 거래로 매각하는 등의 경우가 아니라면 계약갱신을 보장한다. 우리나라는 순수 월세보다 보증부월세가 많고 보증금 액수가 높은데, 해외에서는 월세의 1~3배 정도가 일반적이다. 계약 종료 후 대개 보증금에서 원상복구 및 청소에 필요한 비용을 제하고 나머지를 돌려받는다. 일본에서는 인기 있는 주택 입주 시 월세의 1~2배에 해당하는 사례금을 제공하기도 한다. 사례금은 반환하

## 세계 각국의 임대차 제도

| | 한국 | 프랑스 | 독일 | 영국 | 미국(뉴욕) | 일본 |
|---|---|---|---|---|---|---|
| 관련법 | 임대차 3법 | 주택임대차 법률 | 독일 민법 | 1988년 주택법 제정 이후 규제 시작 | 임대료 안정화에 관한 법률. 각 주에서 독자적인 임대차 관련법 시행. 임대료를 규제하는 곳은 뉴욕, 뉴저지, 워싱턴DC, 캘리포니아 등 | 정기차지차가법 (定期借地借家法) |
| 최초 임대차 계약 기간 | 2년 | 임대인이 자연인이면 3년, 법인은 6년 | 최소 10년, 특별 사유 없으면 기간 없음 | 없음 | 특별한 사유가 없는 한 기간 정하지 않음 | 없음 |
| 계약갱신 청구권 | 임차인이 희망하는 경우 1회 갱신 청구 가능 | 해지사유를 충족한 경우에만 해지 가능 | 무기한 임대차계약 유도. 기한 있는 임대차계약을 할 경우에는 그 이유를 서면으로 통지 | 규제임대차, 보증임대차에서는 계약갱신청구권 인정. 일정 기간만 보장(6개월 이상)하는 보증단기임대차에서는 불인정 | 기존의 계약과 동일한 기간 및 조건으로 계약갱신청구권 행사 | 불인정 |
| 임대료 상승률 | 계약 갱신할 때 상승률 연 5%로 제한 | 주택가격 상승률과 연관, 일부지역 임대료 상한과 하한 존재 | 3년 동안 최대 20%. 임대료 급등 지역의 경우 주변 시세보다 10% 이상 올리지 못하는 '주택 임대료 브레이크 정책' 실시 | 물가상승과 연계한 공정임대료 | 임대료산정위원회가 매년 최대 차임 상승분 제시. 주택 건축 시기에 따라 다름 | 제한 없음. 과잉공급으로 계약 갱신할 때 임대료가 상승하지 않는 경우가 많았음 |
| 임대차 제도 및 보증금 | 전세제도와 보증부월세 (반전세) 제도의 보증금 제한 없음 | 월세의 3배 | 월세의 3배 | 월세의 2~3배 | 월세의 1배. 계약 당사자 간 조정 가능 | 주로 보증금보다 보증이 요구. |

지 않는다.

우리나라에서는 중산층을 대상으로 선진국형 기업형 임대사업을 육성하려고 박근혜 정부 시절인 2015년 뉴스테이 정책을 내놓은 바 있다. 당시 국토교통부는 「기업형 주택임대사업 육성을 통한 중산층 주거 혁신 방안」을 통해 이 정책을 알렸다. 예시 임대료는 전국 기준 보증금 4,500만 원에 월세 45만 원, 수도권 단위 보증금 6,000만 원에 월세 60만 원인데, 실제 임대료는 지역별 시세 등을 고려하여 정해진다. 임대료 상승은 연 5%로 제한되며, 의무 임대 기간은 최장 8년이나 임대사업자가 분양 전환하지 않으면 8년 이상 거주도 가능하다.

임대사업자에게 한국토지주택공사의 보유 택지 등을 공급하면서 세제도 지원한다. 행복주택이나 국민임대 등 기존 공공임대 정책에서는 주택 규모에 제한이 있었지만, 뉴스테이에서는 주택 규모 제한이 없다. 입주자 선정에도 제한이 없어, 소득 기준이나 주택 소유 여부와 관계없이 신청할 수 있다. 뉴스테이는 민간건설사가 시공을 담당하고 건물의 운영관리는 LH공사가 설립한 리츠(부동산투자회사)가 맡아 운영한다.

뉴스테이는 LH공사의 공공임대 주택과 비슷하지만, 주변 아파트의 전월세 시세에 맞춰 비슷한 수준의 임대료가 책정된다는 점에서 차이가 크다. 민간기업은 최장 8년 동안의 의무 임대 기간 후 계속해서 임대할지 분양으로 전환할지 기업에 결정권이 있으나 공공임대는 8년 후 임차인이 원하는 경우 분양전환이 가능하다.

뉴스테이 사업은 건설사에 과다한 특혜를 준다는 비판과 함께 서

민이 살기에는 임대료 수준이 부담스럽다는 이유로 문재인 정부에
서 중단되었다. 하지만 민간 임대 축소가 전월세 가격 폭등의 원인
이 되었다는 점을 들어 새 정부에서는 뉴스테이 사업을 다시 추진
할 수 있다고 밝혔다.

## 부동산 간접투자시장의 성장

일반적으로 부동산에 투자하는 방법은 가계나 사업주체 등이 직
접 매입하는 직접투자와 펀드 등을 통해 간접적으로 투자하는 간
접투자로 구분된다. 부동산 직접투자는 개인이나 기업 등이 주거나
사업 목적으로 취득하거나 임대소득 및 부동산가격 상승에 따른 자
본이득을 목적으로 취득하는 것을 말한다. 부동산 간접투자는 개인
이나 기업 등이 부동산 간접투자기구를 통해 간접적으로 임대나 매
각 수익을 향유하는 투자를 말한다. 부동산 간접투자기구는 다수의
투자자로부터 자금을 모아 부동산이나 부동산 관련 대출에 투자해
발생한 수익을 투자자에게 돌려주는 형태를 취하고 있다. 간접투자
기구는 유사하지만, 운영상 약간의 차이가 있는 리츠와 부동산펀드
가 대표적이며, 리츠(REITs, Real Estate Investment Trusts)는 상법상의
주식회사를 뜻하고, 부동산펀드(REF, Real Estate Fund)는 자본시장
법상 간접투자기구를 말한다.

금융위기 이후 부동산시장은 침체했으나 리츠와 부동산펀드 등
부동산 간접투자기구는 연평균 5~10%의 높은 수익을 창출하면서

## 국내 부동산 간접투자기구 개요

| | 리츠 | 부동산펀드 |
|---|---|---|
| 도입 | 2002년 (상법 근거)<br>주무 부처: 국토교통부 | 2004년 (자본시장법상 근거)<br>주무 부처: 금융위원회 |
| 형태 | 주식회사<br>- 적립식투자 가능, 환매 가능, 상장 또는<br>  비상장 | 간접투자 수익증권<br>- 거치식투자(폐쇄형), 중도환매<br>  불가능, 공모일 경우 반드시<br>  거래소 상장 |
| 운용 | 부동산 및 부동산 관련 유가증권에 최소 70%<br>  투자<br>부동산 취득세 30% 감면<br>자기자본의 2배 차입 가능(주주총회 특별 의결<br>  시 10배 가능)<br>발생 수익의 90% 이상 배당 | 부동산과 부동산 관련 유가증권에<br>  50% 이상 투자<br>부동산 취득세 30% 감면<br>자기자본의 2배 차입 가능 |
| 유형 | 기업구조조정(CR-REITs), 개발 전문,<br>  일반부동산 리츠 등<br>〈운용 주체에 따른 분류〉<br>자기관리형: 실체 조직<br>위탁관리형: paper company<br>특수 리츠: 기업구조조정용 paper company | 임대형: 부동산 매입 후 임대<br>대출형: 부동산 개발회사에 대출<br>경·공매형: 경·공매 부동산 매입 후<br>  임대, 매각<br>개발형: 직접 개발, 분양 또는 임대 |

## 국내 리츠와 부동산펀드 성장 추이

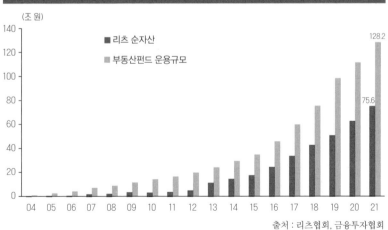

(조 원)

■ 리츠 순자산
■ 부동산펀드 운용규모

128.2

75.6

04 05 06 07 08 09 10 11 12 13 14 15 16 17 18 19 20 21

출처 : 리츠협회, 금융투자협회

급성장했다. 2021년 말 현재 리츠 순자산은 75.6조 원, 부동산펀드의 운용 규모는 128.2조 원을 기록하고 있다.

부동산 매매가가 정체되거나 하락해서 직접투자의 이점이 사라지면, 상대적으로 수익률이 높고 어느 정도 안전성까지 지닌 부동산 간접투자시장이 빠르게 확대될 것으로 전망된다. 일본에서는 부동산경기 침체기에도 부동산 간접투자시장은 급속도로 성장했다.

부동산 간접투자기구는 주택시장이 지속해서 침체되어도 수익 창출이 가능한 상업용 부동산과 비교적 위험성이 낮은 임대형 투자에 집중한다. 공동투자로 위험이 분산되고 절차가 간소한 데다 세제 혜택, 레버리지(leverage, 차입) 등의 투자 메리트가 존재하고, 연기금 등 기관투자가들이 부동산 대체투자를 강화하는 차원에서 적극적으로 참여하므로 투자위험이 상대적으로 작다.

부동산 간접투자시장은 그동안 직접 주택투자에 의존하던 부동산 투자의 패러다임을 변화시키면서 고령화 대비를 위한 자산증식의 방편으로 활용될 수 있다. 그리고 자칫 장기침체에 빠질 수 있는 부동산경기를 활성화할 수 있을 뿐만 아니라 부동산·건설 관련기업의 재무구조를 개선할 수 있다. 하지만 여전히 기관투자자 위주의 사모(私募) 방식에 집중되어 있어, 일반 소액투자자도 참여 가능한 공모방식이 확산되기 위해서는 소액투자자 세제지원 혜택 등을 강구할 필요가 있다. 소액 투자자의 접근성을 높이고 운용의 투명성을 높이는 방향으로 법제를 재정비하여 부동산 간접투자시장을 활성화해야 한다.

# 한국형 세대 공유 주택연금

주택연금 제도는 주택을 소유하고 있으나 특별한 소득원이 없는 고령자에게 주택을 담보로 사망 또는 주택 이전 시까지 노후생활 자금을 연금으로 지급하는 한국의 공적 보증 역모기지 제도다. 역모기지란 모기지와 거의 상반되는 개념으로서 고령자가 자신의 집에서 노후생활을 즐기면서 자신의 주택을 담보로 노후생활 자금을 조달할 수 있지만, 만기까지 주택의 소유권은 은행이 아니라 대출 고객에게 있는 형태의 대출이다. 우리나라에서는 2007년 주택금융공사가 주택연금을 판매하기 시작한 이후 본격 도입되었다.

주택연금은 주로 서울 및 경기 지역 위주로 빠르게 성장하고 있다. 주택연금 이용자는 해마다 빠르게 늘면서 2021년 12월 기준 누적 주택연금 이용자는 88,752명에 이르고 있다. 2010년 주택금융공사의 전망보다 더 빠르게 수요가 증가한 이유는 중산층과 서민층 고령자의 복지지원 차원에서 월지급금이 비교적 높게 설계되었고,

| 모기지론과 역모기지론 | | |
|---|---|---|
| | 모기지(forward mortgage) | 역모기지(reverse mortgage) |
| 목적 | 주택 구입 | 노후생활비 |
| 주 이용자 | 30~40대 소득자 | 노후생활자 |
| 대출 발생 | 계약 시 일시 발생 | 사망 시까지 발생 |
| 대출 기간 | 대출 기간 확정 | 사망 시 종료 |
| 상환 | 원리금 분할상환 | 주택 처분 후 일괄 상환 |

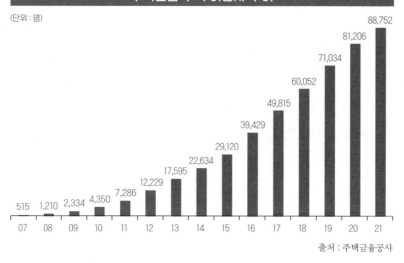

(단위 : 명)

88,752

81,206

71,034

60,052

49,815

39,429

29,120

22,634

17,595

12,229

7,286

515  1,210  2,334  4,350

07  08  09  10  11  12  13  14  15  16  17  18  19  20  21

출처 : 주택금융공사

유동성과 가격 산정을 위한 표준화 비율이 높은 아파트의 비중이 컸기 때문이다.

우리나라 주택연금은 공적보증을 통해 리스크를 최소화하고 가능한 한 많은 월지급금을 지급하도록 가입자에게 유리하게 설계되어 있다. 가입자가 일찍 사망해도 배우자에게 연금이 계속 지급된다. 또한 가입자 사망 후 '주택가격 < 대출잔액'인 경우 주택 처분 후 부족한 금액을 가입자(또는 상속인)에게 청구하지 않으나, '주택가격 > 대출잔액'인 경우는 잔액이 가입자(또는 상속인)에게 돌아가도록 하는 비대칭적 구조로 설계되었다.

앞으로 노년부양비와 노령화지수 등이 빠르게 상승하고, 고령인구의 빈곤이 심각한 사회적, 경제적 문제로 대두될 것으로 보인다. 국내 고령층은 소득수준이 낮고 자가 주택 외에 특별한 자산이 없으며 국민연금과 퇴직연금 미가입자도 많다. 그래서 많은 이들이 60대 이후 빈곤계층으로 전락하는 경향이 나타난다. 한국의 노인 빈곤율(Elderly Poverty Rate, 전체 노인인구 중 중위소득의 50% 미만에 속하는 사람 비중)은 OECD 국가들 중 가장 심각하다. 총자산 대비 실물자산 비중이 높은 우리나라에서는 주택을 활용한 역모기지 제도의 이용이 매우 절실하다. 특히 국내 베이비부머는 자가 비율과 아파트 비율이 다른 세대보다 높아 이를 유동화해 노후 소득보장 문제를 해결하려는 수요가 클 것으로 판단된다.

주택연금에 가입했을 때 받을 수 있는 월지급액은 개인의 기대여명, 부동산가격, 금리 수준 등에 영향을 받는다. 그러므로 경제 상황에 따라 가입률과 해지율이 달라진다. 코로나19 팬데믹 기간 주택가격이 급등하면서 주택연금 해지가 많이 늘어났다. 주택가격이 오르기 전에 계산된 월지급금이 오른 주택가격을 반영하지 못하기 때문이다. 2021년 말 매매가 상승이 정체되고 그동안의 주택가격 급등이 월지급금에 반영되자 가입 건수가 다시 늘어나고 있다.

장기적으로 개인의 평균수명이 길어지고, 이례적인 초저금리 현상이 해소되고, 부동산시장 침체가 지속되는 3대 리스크(장수 리스크, 금리 상승 리스크, 주택가격 하락 리스크)가 커지면 새로운 가입자에 대한 연금 지급액이 대폭 감소하게 된다. 생명보험에 늦게 가입할수록 조건이 나빠지는 것과 같은 원리다. 첫째, 기대여명의 증가에 따른 월지급금 감소다. 국내 평균 기대여명은 의학의 발달로 빠르게 늘어나고 있어, 주택연금의 평균 월지급액이 급격히 줄어들 수 있다. 둘째, 금리 상승에 따른 월지급금 감소다. 2022년 상반기 수준의 초저금리 현상이 중장기적으로 해소되면 주택가격과 지급금액의 현재가치가 변하면서 월지급액이 축소될 수밖에 없다. 셋째, 주택가격 하락에 따른 월지급금 감소다. 중장기적으로 인구 감소 현상이 빠르게 진행되면서 주택시장 침체 기조가 이어지면 월지급금이 급속히 줄어들 수 있다.

　이렇게 되면 주택연금의 실효성이 크게 떨어져 이 제도가 지속가능하지 않을 수 있다. 이를 확인하기 위해 기대여명이 늘어나고, 금리가 상승하고, 집값 상승률이 하락하는 상황에서 주택금융공사가 손실을 보지 않는 수준의 월지급액 감소 수준을 시뮬레이션을 통해 살펴보자. 여기서는 기준 시점에서 각각 5억 원과 9억 원 주택에 대해 기대여명, 금리 상승폭, 주택가격 증가율을 변수로 적정 월지급액을 추정해 보았다. 각각 60세, 56세인 부부를 모델로, 부부 중 연소자의 기대여명을 기준으로 하는 주택연금 지급 방식에 따라 월지급금을 산출했다. 보험료 등 제반 경비를 공제한 방법은 정확하게 추정하기 어려우나, 1.5%의 초기 보증료를 고려하고 대출금리 6.0%, 주택가격 상승률을 2%로 하면 2022년 상반기 기준 주택연금의 월지급금과 근사한 값이 나온다. 이 계산법으로 추정한 5억 원 주택에 대한 월지급금은 850,349원인데 주택금융공사 연금조회기의 월지급금은 850,420원으로 거의 비슷하다. 9억 원 주택도 비슷한 수치가 나왔다. 기대여명이 지난 후 집값을 현재가치로 환산하고 매년 지급액도 현재가치로 환산해 월지급금을 추산했다.

　추산에 따르면, 예정된 기대여명 증가에 금리 상승과 주택가격 상승률 하락이 가세하면 월지급금이 대폭 줄어들어 수요자가 주택연금에 가입할 유인이 매우 약화될 수 있다.

이 추산에서 하락률 0.5%p는 기준 상승률 2%에서 그만큼 하락한다는 뜻으로, 실제로는 주택가격이 1.5% 상승하는 상황이다. 주택가격 하락이 아닌 상승률 하락만 고려했지만, 적정 월지급금은 큰 폭으로 줄어든다. 가입할 때 월지급금을 확정하는 현행 방식으로는 이런 손실을 막을 수 없다. 특히 가입자의 조기 사망으로 수익이 발생하면 상속자에게 귀속하고, 가입자의 장수로 손실이 발생하면 공공기관이 떠맡는 비대칭적 구조라는 설계 자체의 리스크에 대외 여건까지 악화되면 손실이 급증할 수 있다. 국내 주택연금은 이러한 리스크를 어느 정도 고려하고 설계되었으나, 이들 리스크 극복이 중장기적으로 주택연금 활성화의 관건이 될 것으로 판단된다. 일본의 경우 90년대 초 금리 상승과 부동산가격 하락으로 부동산 담보가치가 하락하면서 담보 부족 문제가 대두되어 역모기지 제도

## 기대여명 증가, 금리 상승, 주택가격 정체에 따른 주택연금 월지급금 변화

| 주택가격 5억 원 | | | | | | |
|---|---|---|---|---|---|---|
| 기대여명 증가 | | 금리 상승 | | 집값 상승률 하락 | | 동시 발생 |
| 증가 연수 | 월지급액 | 상승률 | 월지급액 | 하락률 | 월지급액 | 월지급액 |
| 0년 | 850,349원 | 0%p | 850,349원 | 0%p | 850,349원 | 850,349원 |
| 5년 | 674,025원 | 0.5%p | 783,908원 | 0.5%p | 739,870원 | 505,645원 |
| 10년 | 535,838원 | 1.0%p | 713,455원 | 1.0%p | 637,992원 | 276,478원 |
| 15년 | 430,370원 | 1.5%p | 648,747원 | 1.5%p | 551,729원 | 139,081원 |

| 주택가격 9억 원 | | | | | | |
|---|---|---|---|---|---|---|
| 기대여명 증가 | | 금리 상승 | | 집값 상승률 하락 | | 동시 발생 |
| 증가 연수 | 월지급액 | 상승률 | 월지급액 | 하락률 | 월지급액 | 월지급액 |
| 0년 | 1,530,629원 | 0%p | 1,530,629원 | 0%p | 1,530,629원 | 1,530,629원 |
| 5년 | 1,213,245원 | 0.5%p | 1,411,034원 | 0.5%p | 1,336,589원 | 910,161원 |
| 10년 | 964,508원 | 1.0%p | 1,284,219원 | 1.0%p | 1,152,545원 | 765,693원 |
| 15년 | 774,666원 | 1.5%p | 1,167,745원 | 1.5%p | 993,112원 | 250,346원 |

가 활성화되지 못했다.

앞에서 언급한 세 가지 변수를 반영하지 않고 월지급금을 그대로 유지할 경우, 공적 보증기관의 보증손실이 눈덩이처럼 불어날 수 있다. '재정수지 악화 → 국가채무 급증'의 악순환 구조에 대한 우려가 증대되고 있는 상황에서 세금을 투입해야 하는 보증손실이 지속되기는 어렵다.

이런 상황에서는 현재의 주택연금 구조를 개선한 공유 주택연금 제도의 도입이 필요하다. 주택연금은 연금제도가 미흡한 우리나라에서 '집밖에' 없는 서민들의 노후생활에 매우 중요한 수단이다. 따

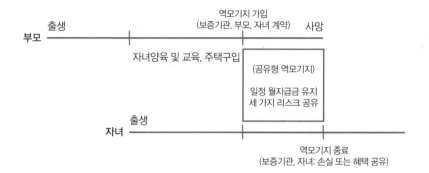

## (국가+자녀) 공유 역모기지

## 현행 주택연금과 공유 주택연금 비교

|  | 현행 주택연금 | 공유 주택연금(안) |
|---|---|---|
| 주 이용자 | 60대 이후의 노후생활자 | 60대 이후의 노후생활자 |
| 계약 당사자 | 노후생활자 | 노후생활자 및 자녀 |
| 월지급금 | 계약 시 정해진 금액 | 계약 시 정해진 금액 |
| 장수 리스크 | 조기사망: 이익잔여분 자녀 지급<br>장수: 손실분 보증기관 부담 | 조기사망: 이익잔여분 자녀 지급<br>장수: 손실분 보증기관과 자녀 공동 부담 |
| 금리 상승 및 주택가격 하락 리스크 | 이익: 이익잔여분 자녀 지급<br>손실: 보증기관 부담 | 이익: 보증기관과 자녀 분할<br>손실: 보증기관과 자녀 공동 부담 |
| 경제적 효과 | 보증기관 부실화<br>역모기지 위축<br>→ 노후 소득보장 문제 확대<br>(자녀의 부모 부양 부담 증가) | 보증기관 부실화 방지<br>역모기지 활성화 유지<br>→ 노후 소득보장 문제 축소<br>(자녀의 부모 부양 부담 축소) |

라서 경제 여건 변화에 따른 월지급금 감소를 최소화할 필요가 있다. 이에 부모를 부양하는 전통적 가치를 가미한 한국형 역모기지 개발을 제안한다. 경제 여건 변화에 따른 손실과 수익을 국가와 자

녀가 함께 부담한다면 가입할 때 결정된 월지급액을 확정적으로 지급해도 손실을 보전할 수 있을 것이다. 중장기적으로 금리와 부동산가격을 고령자 및 보증기관들이 예측할 수 있도록 안정시키는 데 주력하여 가능한 한 국민 부담을 줄이는 방향으로 제도를 운용하는 것이 바람직하다.

부록

전국 109개 지자체
2004~2021
매매가 동향

서울특별시 강북 14구, 강남 11구

6개 광역시 부산 15구 1군, 대구 7구 1군, 인천 8구, 광주 5구, 대전 5구, 울산 4구 1군

경기도 고양시 3구, 과천시, 광명시, 광주시, 구리시, 군포시, 김포시, 남양주시, 동두천시, 부천시, 성남시 3구, 수원시 4구, 시흥시, 안산시 2구, 안성시, 안양시 2구, 양주시, 오산시, 용인시 3구, 의왕시, 의정부시, 이천시, 파주시, 평택시, 하남시, 화성시

• 기초자치단체별 아파트가격 데이터는 2004년부터 전체 통계가 존재한다. 2004년부터 2021년까지 전국의 주요 기초자치단체 아파트매매가는 연간 하락폭과 상승폭이 -20%~60% 사이에서 움직였다.
• KB부동산시세 통계는 인천 강화군과 경기 가평군, 양평군, 여주시, 연천군, 포천시의 부동산 시세는 제공하지 않는다.

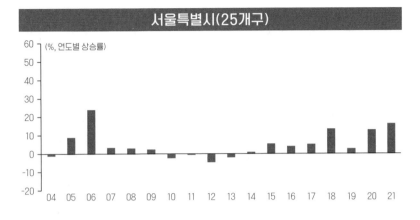

서울특별시(25개구)

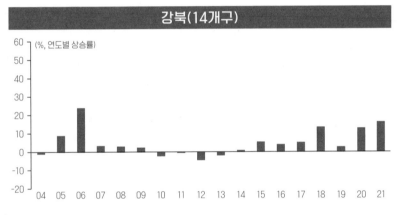

강북(14개구)

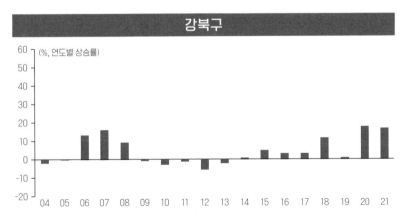

강북구

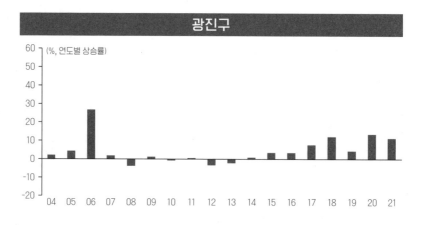

## 광진구

(%, 연도별 상승률)

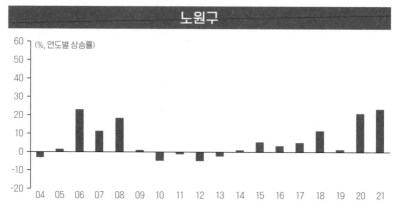

## 노원구

(%, 연도별 상승률)

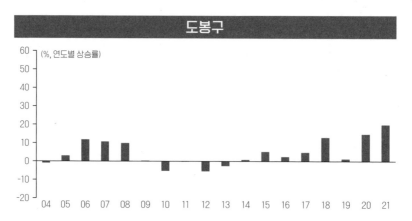

## 도봉구

(%, 연도별 상승률)

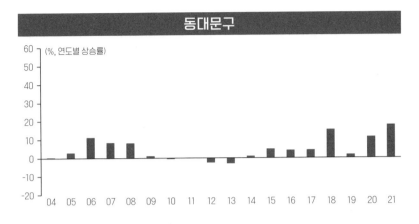

동대문구

(%, 연도별 상승률)

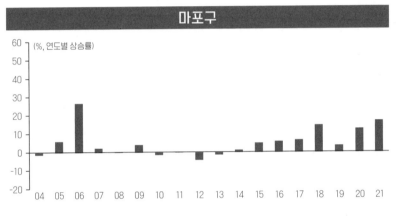

마포구

(%, 연도별 상승률)

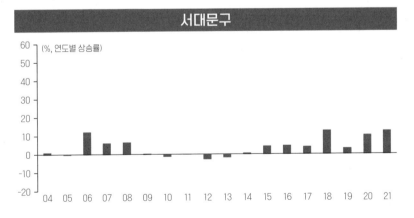

서대문구

(%, 연도별 상승률)

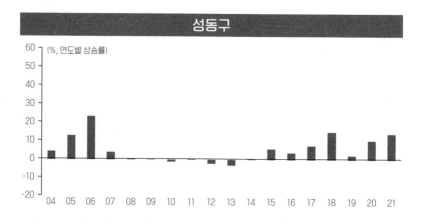

성동구

(%, 연도별 상승률)

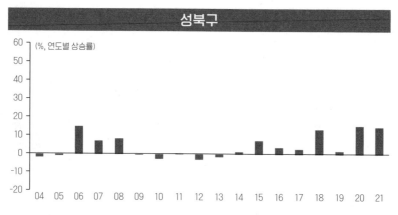

성북구

(%, 연도별 상승률)

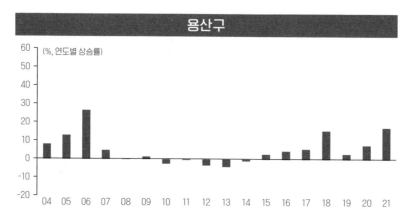

용산구

(%, 연도별 상승률)

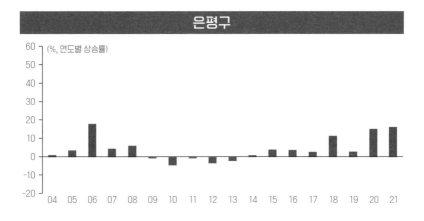

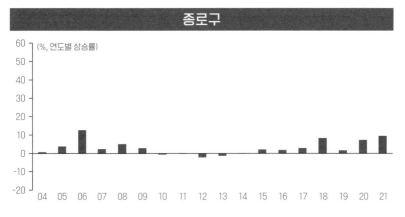

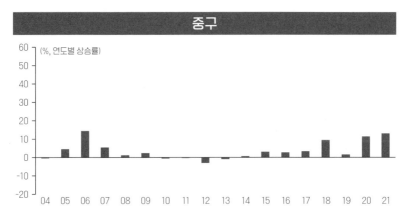

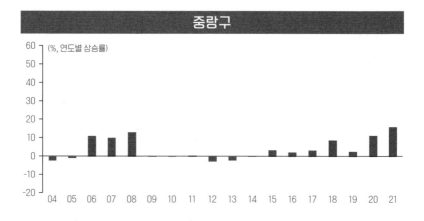

중랑구

(%, 연도별 상승률)

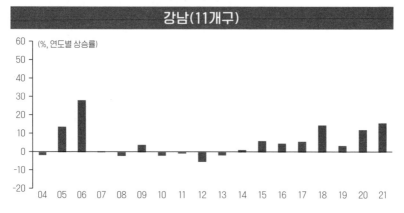

강남(11개구)

(%, 연도별 상승률)

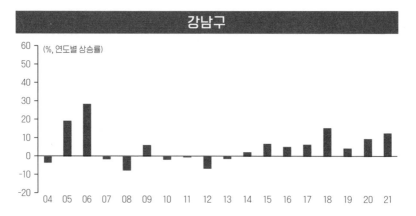

강남구

(%, 연도별 상승률)

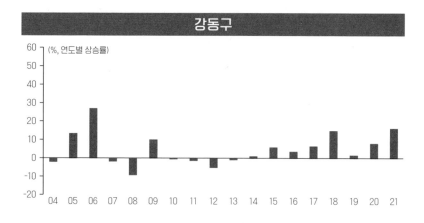

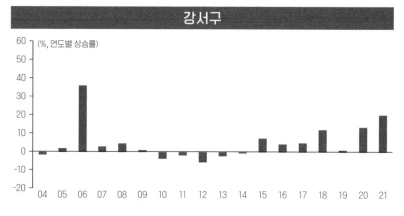

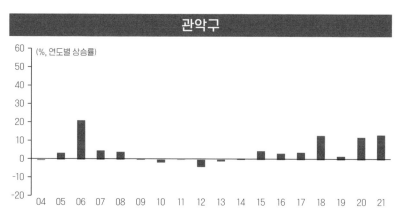

# 구로구

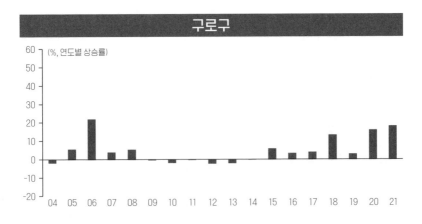

# 금천구

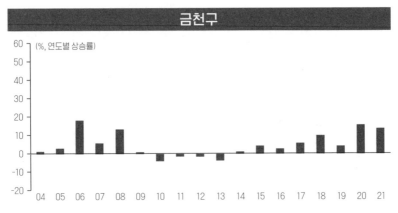

# 동작구

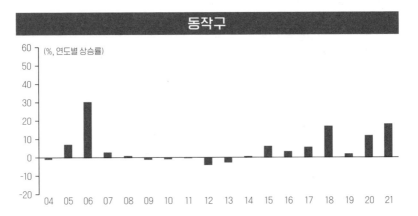

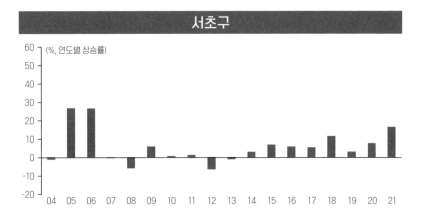

서초구

(%, 연도별 상승률)

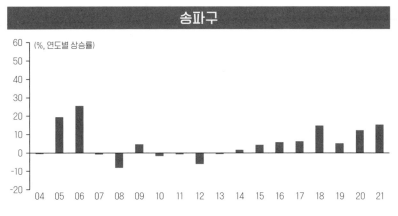

송파구

(%, 연도별 상승률)

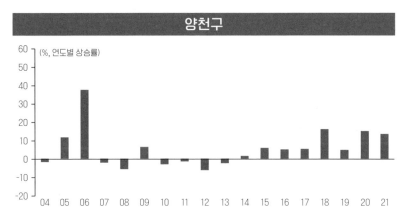

양천구

(%, 연도별 상승률)

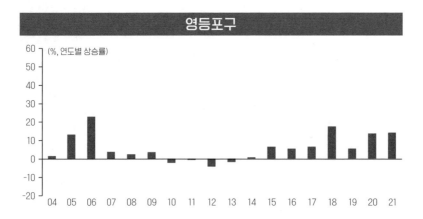

영등포구

(%, 연도별 상승률)

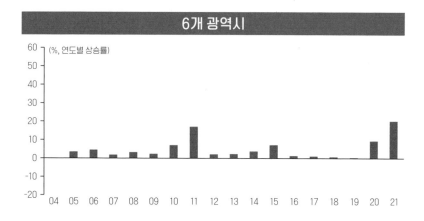

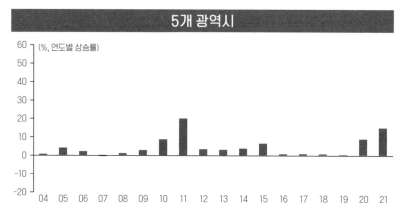

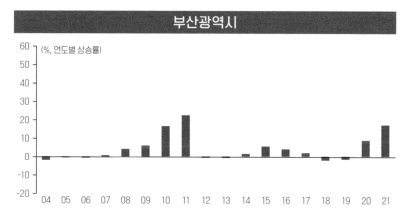

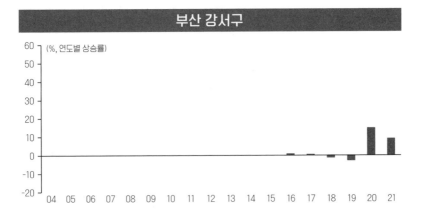

부산 강서구

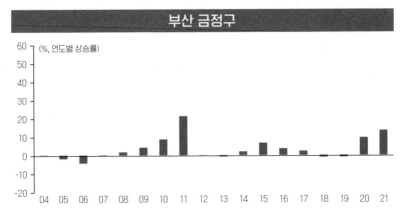

부산 금정구

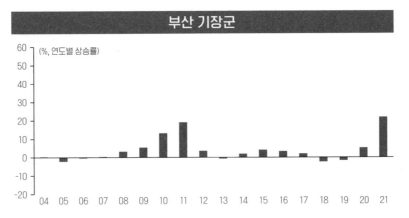

부산 기장군

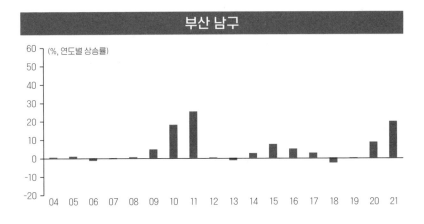

부산 남구

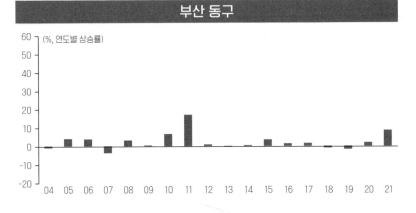

부산 동구

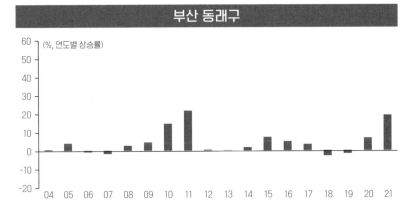

부산 동래구

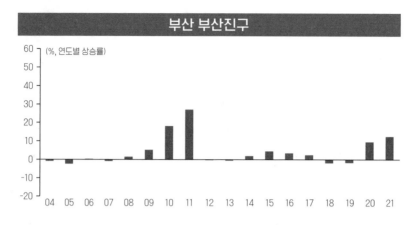

부산 부산진구

(%, 연도별 상승률)

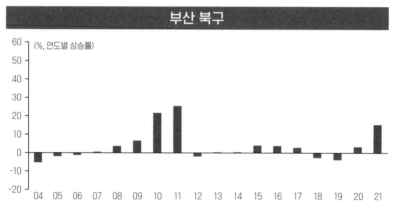

부산 북구

(%, 연도별 상승률)

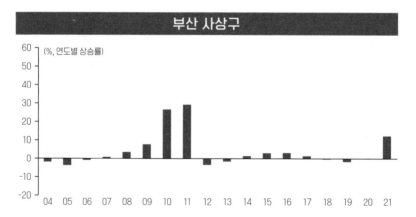

부산 사상구

(%, 연도별 상승률)

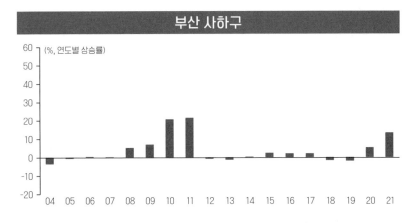

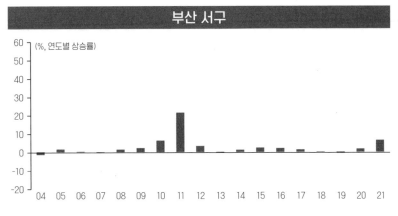

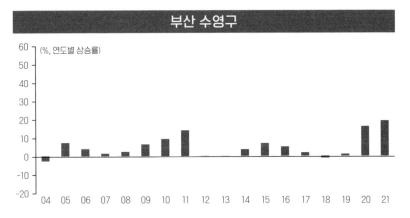

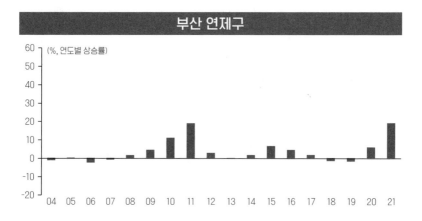

부산 연제구

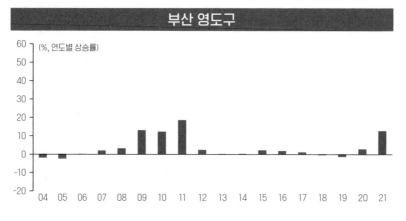

부산 영도구

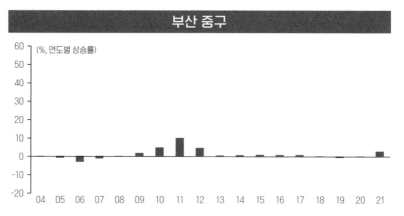

부산 중구

234

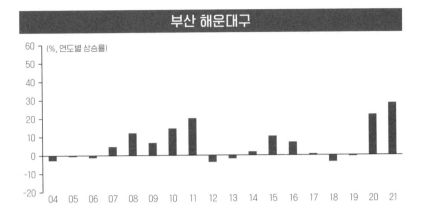

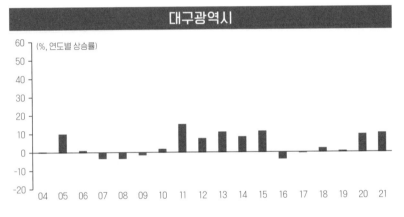

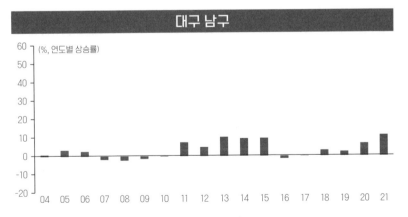

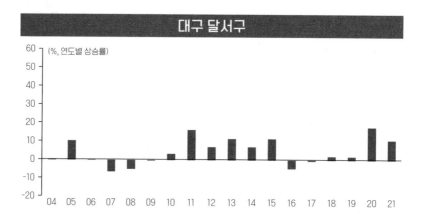

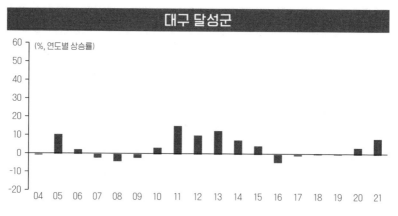

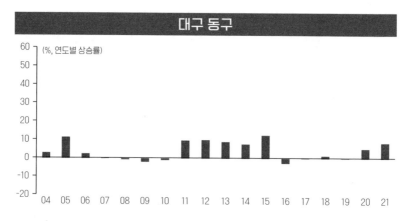

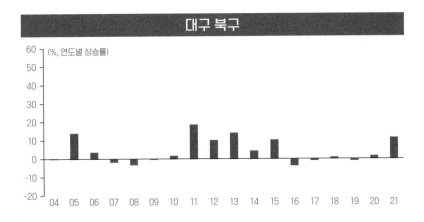

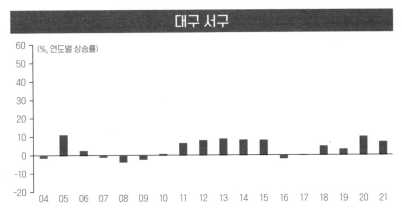

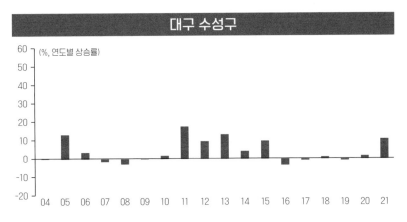

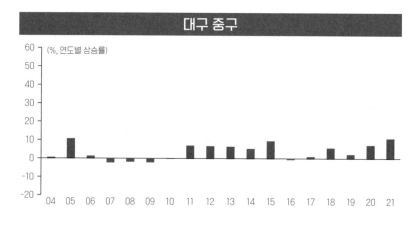

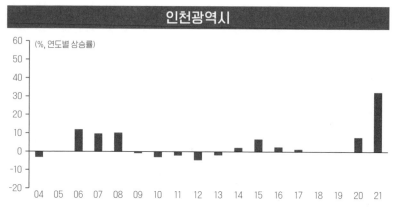

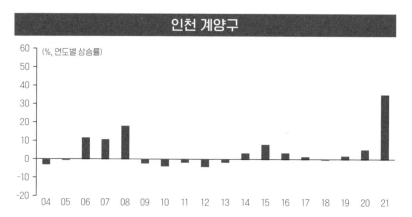

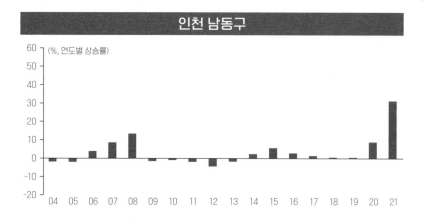

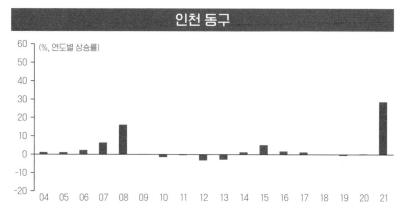

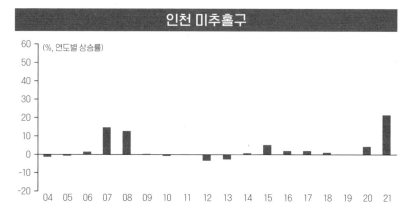

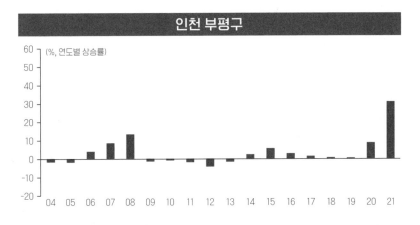

인천 부평구

(%, 연도별 상승률)

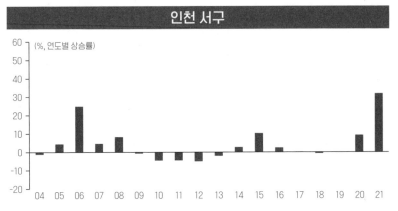

인천 서구

(%, 연도별 상승률)

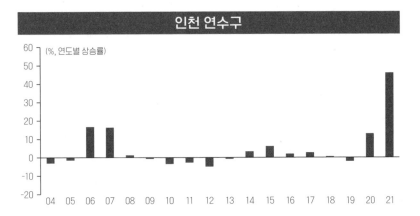

인천 연수구

(%, 연도별 상승률)

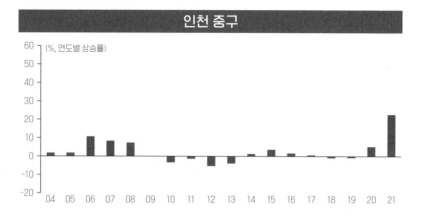

인천 중구
(%, 연도별 상승률)

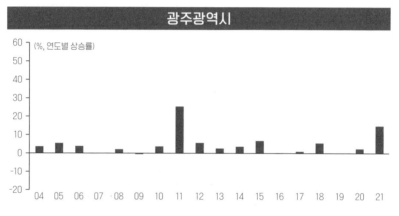

광주광역시
(%, 연도별 상승률)

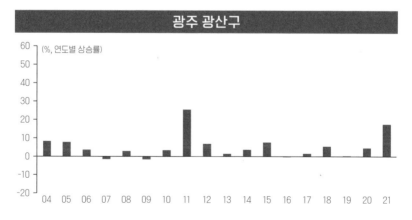

광주 광산구
(%, 연도별 상승률)

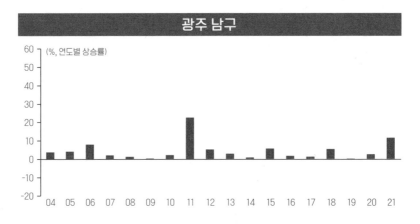

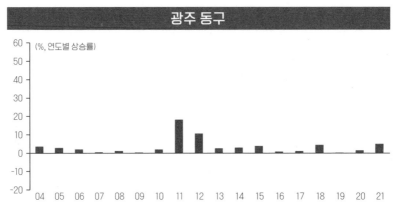

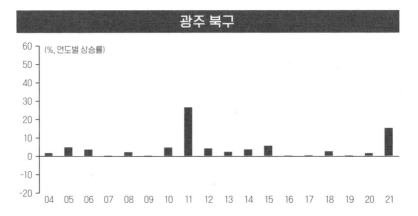

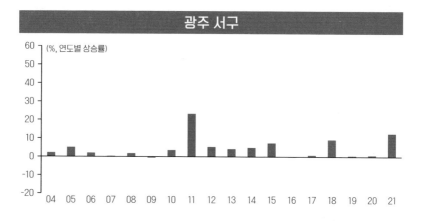

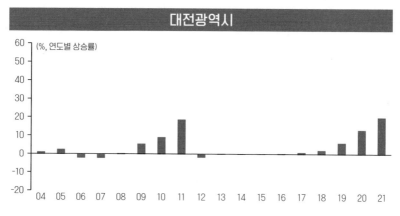

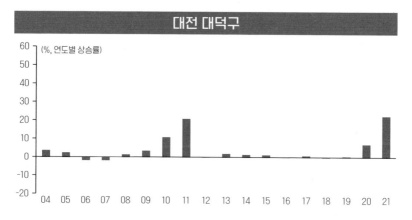

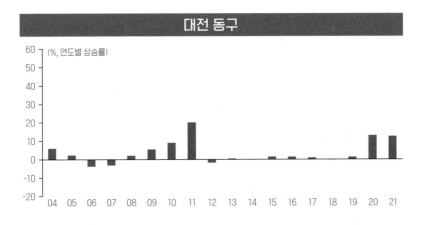

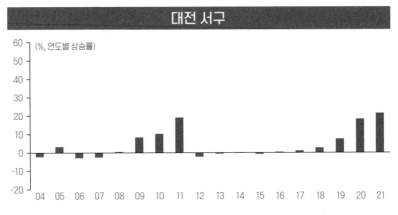

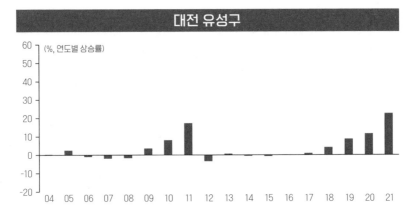

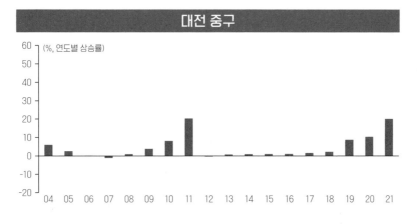

대전 중구

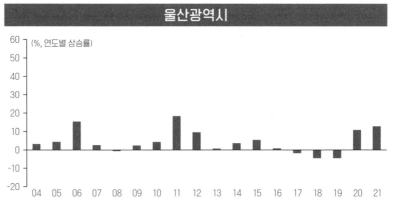

울산광역시

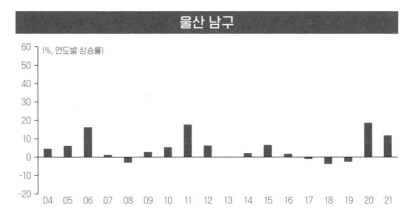

울산 남구

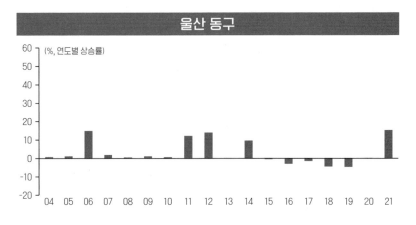

울산 동구

(%, 연도별 상승률)

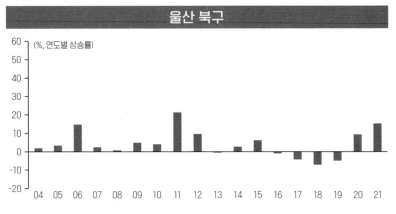

울산 북구

(%, 연도별 상승률)

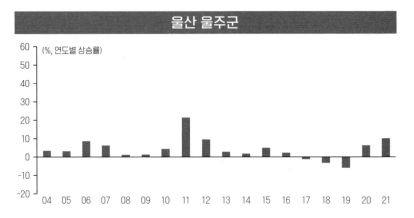

울산 울주군

(%, 연도별 상승률)

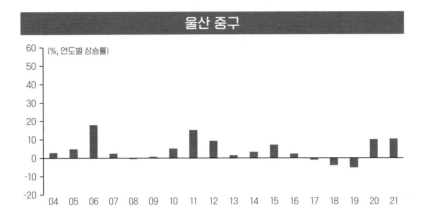

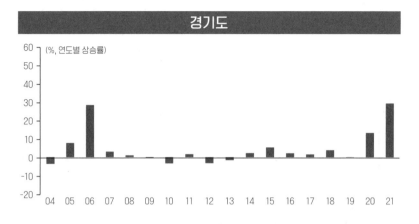

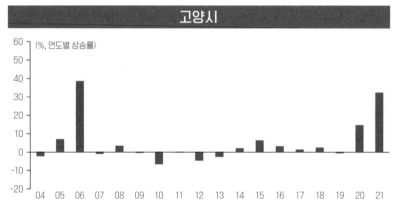

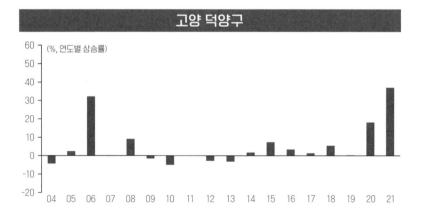

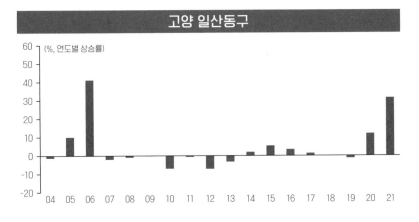

고양 일산동구

(%, 연도별 상승률)

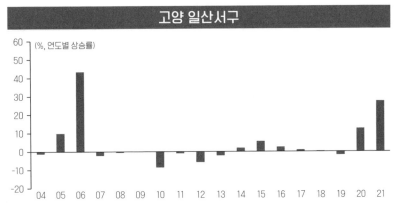

고양 일산서구

(%, 연도별 상승률)

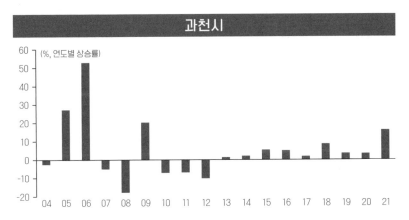

과천시

(%, 연도별 상승률)

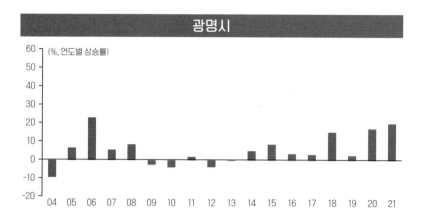

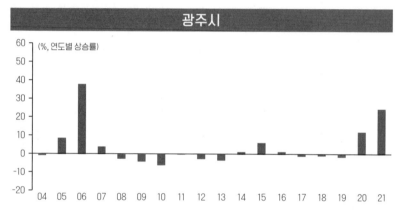

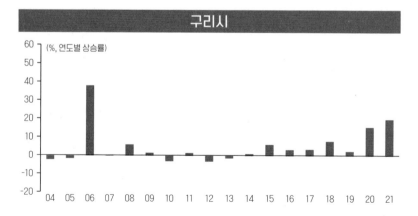

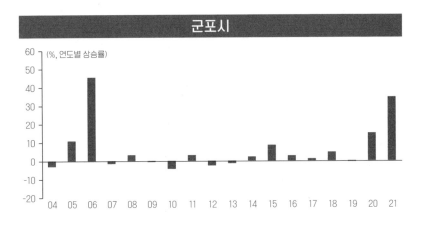

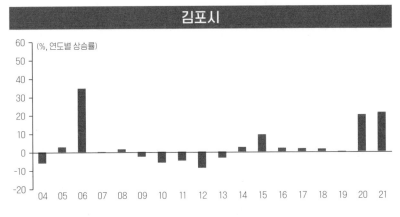

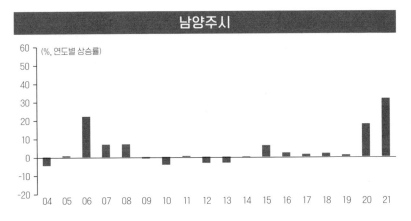

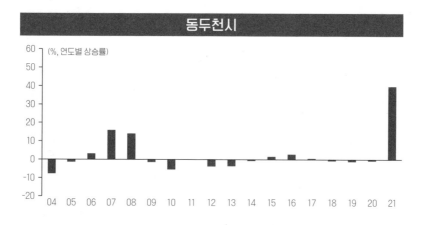

## 동두천시

(%, 연도별 상승률)

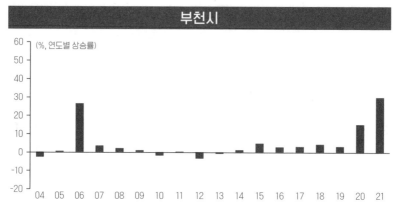

## 부천시

(%, 연도별 상승률)

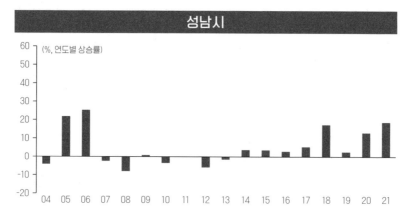

## 성남시

(%, 연도별 상승률)

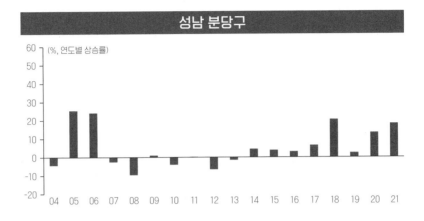

성남 분당구

(%, 연도별 상승률)

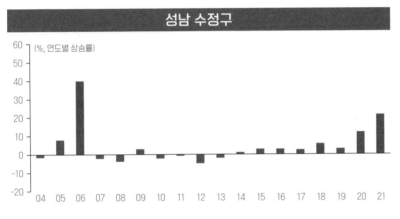

성남 수정구

(%, 연도별 상승률)

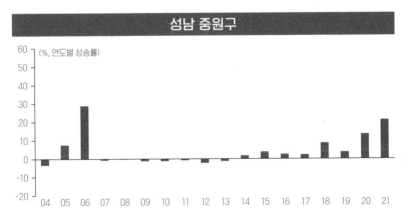

성남 중원구

(%, 연도별 상승률)

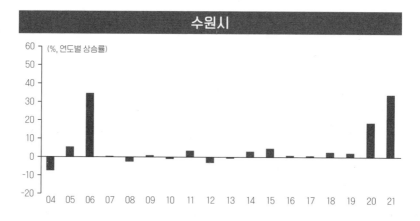

수원시

(%, 연도별 상승률)

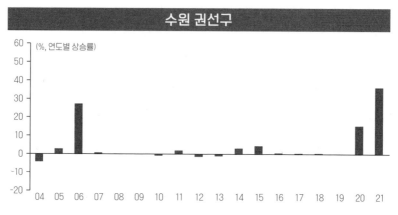

수원 권선구

(%, 연도별 상승률)

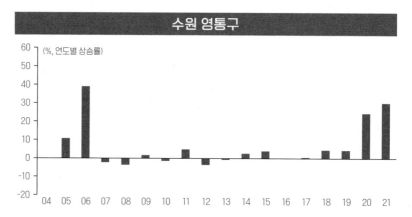

수원 영통구

(%, 연도별 상승률)

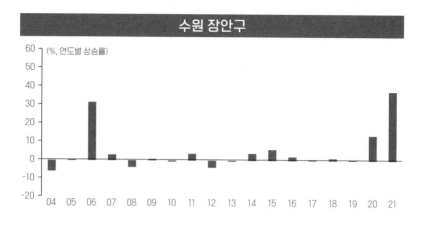

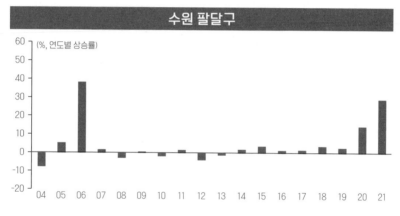

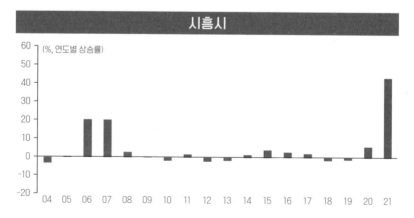

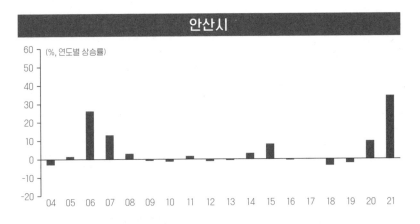

## 안산시

(%, 연도별 상승률)

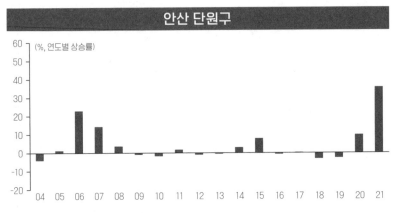

## 안산 단원구

(%, 연도별 상승률)

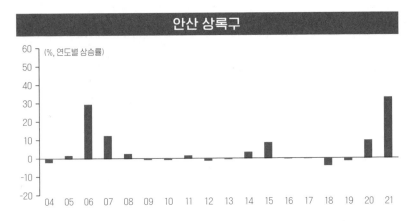

## 안산 상록구

(%, 연도별 상승률)

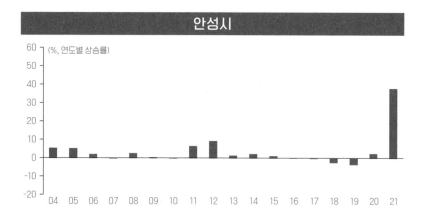

## 안성시

(%, 연도별 상승률)

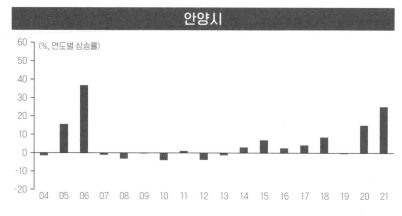

## 안양시

(%, 연도별 상승률)

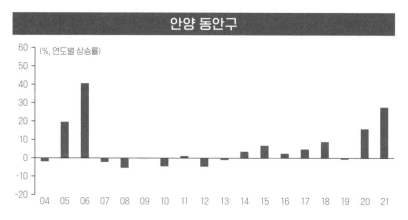

## 안양 동안구

(%, 연도별 상승률)

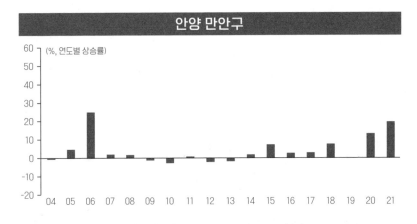

안양 만안구

(%, 연도별 상승률)

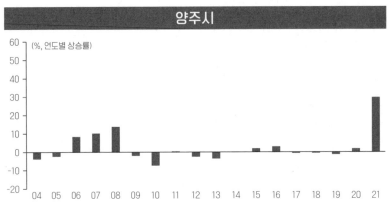

양주시

(%, 연도별 상승률)

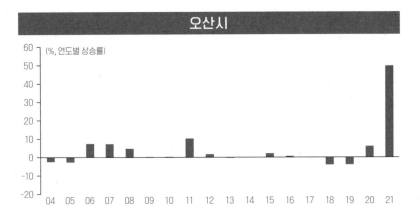

오산시

(%, 연도별 상승률)

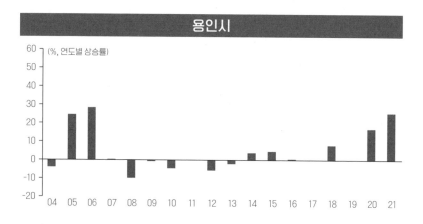

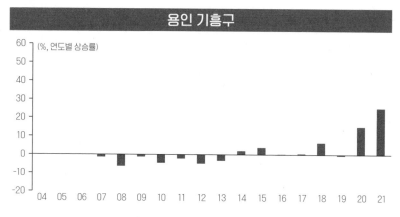

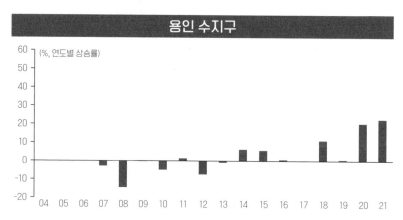

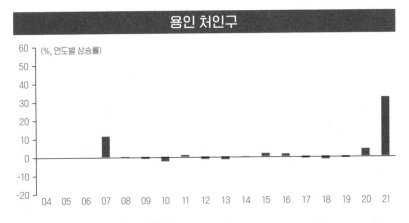

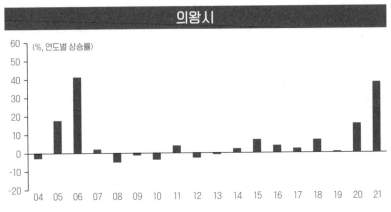

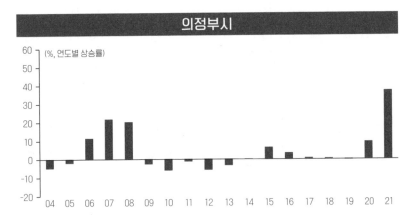

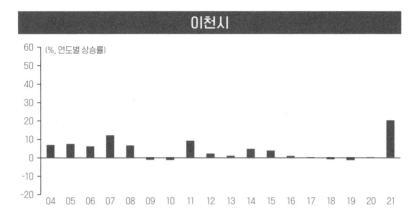

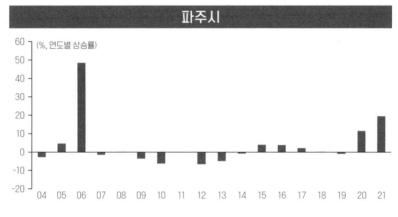

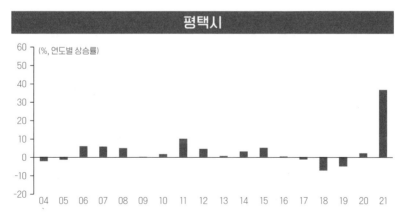

## 하남시

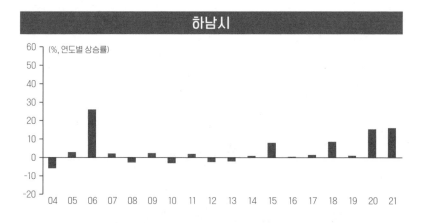

## 화성시

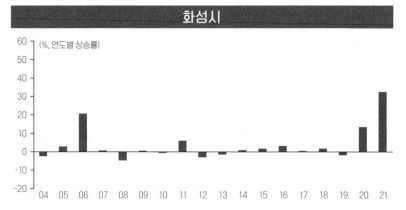

# 에필로그

# 날렵하게 미래의 파도에 올라타라

우리는 인류가 한 번도 맞닥뜨리지 않은 새로운 세상, 기후변화가 일상이 된 세상을 살고 있다. 미소 냉전이 종식된 후 미국이 주도하는 세계화 물결 속에서 국제 분업을 통해 중·저소득 국가들이 고도성장을 하고 선진국 시민들이 저물가를 당연하게 여겼던 세상은 러시아와 중국이 새로운 패권국가로 등장하면서 이제 막을 내리고 있다.

과거처럼 대립하는 양 진영으로 블록화하지 않고 세계 각국이 이해관계에 따라 이합집산하며, 자유로운 무역과 상호의존에서 벗어나 각자도생의 냉정한 현실로 내몰리고 있다. 수출 위주 산업구조로 세계화의 가장 큰 혜택을 받았던 우리나라도 이제 부단히 지혜를 짜내고 살길을 도모해야 할 시기다. 그러나 세계에서 가장 급격한 고령화와 인구감소에 직면한 한국경제의 예정된 미래는 아무리 지혜를 모아도 활로를 찾기가 쉽지 않다.

세계 경제의 미래가 불확실하고 생산인구 감소로 우리나라 잠재성장률이 지속해서 감소할 것이 확실시되는 상황에서 부동산시장만 나 홀로 호황을 구가할 수는 없다.

현재 우리나라 중산층 이하 가구는 자산의 80% 정도가 부동산 자산에 편중돼 있다. 상류층은 부동산으로 상당한 부를 축적했지만, 유동화하기 쉬운 금융자산 비중도 높다. 그러나 중산층 이하는 부동산 자산 비중이 높아 자산을 유동화하기 어려우므로 급변하는 경제 상황에 민첩하게 대처하기 어렵다. 몸이 가벼워야 민첩하게 변화의 파도에 올라탈 수 있다. 한 치 앞을 알기 어려운 경제 현실에서 리스크를 줄이고 기회를 재빨리 잡을 수 있도록 자산 비중을 조정하고 유동성 확보가 손쉬운 자산구조를 갖춰야 한다. 경제주체들이 현실을 잘 인식하고 적극적으로 대처해 부동산시장이 연착륙할 수 있기를 바란다.

중장기적인 관점에서 경제를 조망하는 정확한 분석이 절실한 시기다. 이 책은 주관적 해석을 경계하고 데이터에 근거한 통계적 분석을 바탕으로 글을 전개한다. 나는 수십 년간 현실의 문제를 경제학의 방법론으로 분석하는 일을 해왔다. 경제학자로 활동해왔지만, 내가 재직한 곳은 학문적인 연구를 수행하기보다는 주로 현실 경제를 분석하고 대안을 모색하는 제일금융연구원, 하나경제연구소, 현대경제연구원 등 민간 연구기관들이었다. 특히 3부의 내용 상당 부분은 현대경제연구원 재직 당시 연구한 것을 수정하고 발전시킨 내용이다. 성균관대와 국민대 등에서 약 20년간 겸임교수로 학생을 가르치며 학술 연구의 본령에서 벗어나지 않으면서 학생의 눈높이에 맞춰 경제 현상을 설명하는 능력을 키울 수 있었다. 특히 서울대 소비자학과에서 박사과정 학생들을 지도한 경험은 다양한 시각으로 경제 현상을 바라보며 공부를 지속하게 해주는 지적 자극이 되었다.

오랫동안 경제의 최전선에서 활동하며 쌓인 고민과 분석, 절실히 느낀 문제와 해법을 이렇게 한 권의 책으로 묶어 출간하니 흐뭇하면서도 허전한 마음이 든다. 스스로를 컴퓨터 앞에 유폐시킨 수많은 밤들을 거쳐 책은 산통을 견디고 세상에 나왔다. 이 책이 나오기까지 너무나 많은 도움을 받아 일일이 감사를 전하기 어려운 점이 안타까울 뿐이다. 내게 영감을 준 경제학자들과 논문들, 함께 연구하고 강의했던 동료들, 학문에 대해 소통하는 즐거움을 안겨준 학생들에게 깊이 감사한다.

무엇보다도 먼저 KB국민은행 부동산 데이터가 이 책을 집필하는 데 큰 도움이 되었다. 과거 주택은행 시기부터 모아온 주택 관련 데이터가 점점 확대되어 오늘날과 같은 방대한 자료가 축적되었다. 국내 어디에서도 찾아보기 힘든, 오랜 세월에 걸쳐 축적된 풍부하고 상세한 KB국민은행 부동산 데이터가 없었다면 이 책은 탄생할 수 없었다. 우연한 인연과 기회로 만난 '또다른우주' 백지선 대표에게 감사드린다. 경제경영 분야에서의 오랜 편집 경험을 바탕으로 거시적인 시각에서도 도움을 주었고, 구석구석 균형 잡힌 세밀한 편집으로 책의 수준을 한 단계 업그레이드했다고 생각한다. 마지막으로 PJS 마포연구실 식구들에게 감사드린다. 내가 지쳤을 때 에너지를 불어넣어 주며 작업을 이어갈 수 있게 격려해 주었다. 모두에게 감사할 따름이다.

한창 집필을 구상 중이던 2021년 여름 멀리 떠나가신 아버지께 이 책을 바친다.

2022년 6월
PJS 마포연구실에서
금융의창 대표 박덕배

대한민국 부동산, 지나온 20년 다가올 20년

## 부동산, 부채, 버블의 경제학

1판 1쇄 발행 2022년 7월 11일　　　　　지은이　박덕배
　　　　　　　　　　　　　　　　　　　　펴낸이　백지선
ⓒ 박덕배, 2022　　　　　　　　　　　　마케팅　용상철
　　　　　　　　　　　　　　　　　　　　인쇄　　도담프린팅

펴낸곳　또다른우주
등록　　제2021-000141호(2021년 5월 17일)
주소　　03925 서울시 마포구 월드컵북로 400 (상암동) 5층 13호
전화　　02-332-2837
팩스　　0303-3444-0330
블로그　https://blog.naver.com/anotheruzu

ISBN 979-11-977363-4-6 03320

여러분의 투고를 기다리고 있습니다.
기획 아이디어와 원고가 있으신 분은 anotheruzu@gmail.com로 연락주십시오.